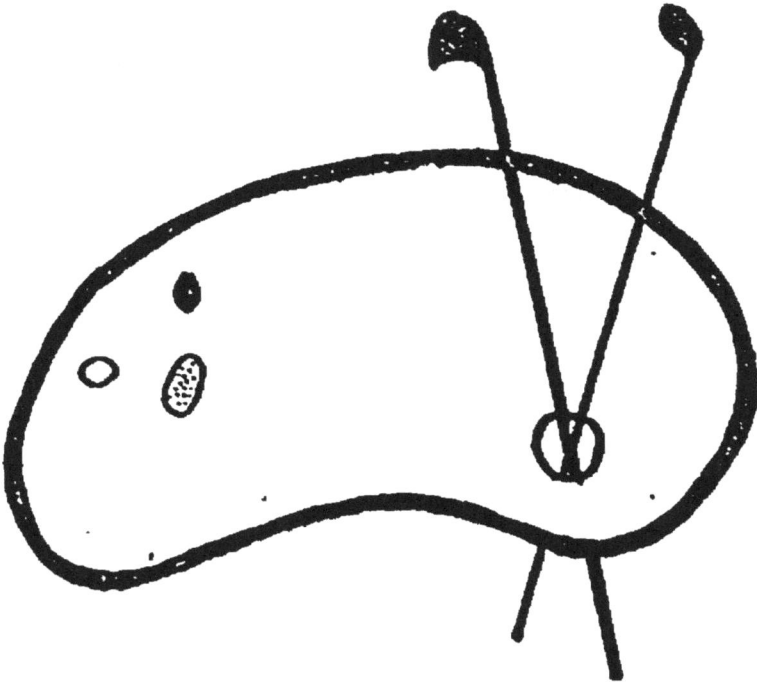

DEBUT D'UNE SERIE DE DOCUMENTS
EN COULEUR

COUTUMES
DE NORMANDIE

LOIS FRANÇAISES
ET JURISPRUDENCE DES TRIBUNAUX
NORMANDS

concernant

LE VOISINAGE, LA MITOYENNETÉ
ET LES
SERVITUDES

PAR

L.-A. ANDRÉ

ANCIEN NOTAIRE

━━━━ ✳ ━━━━

PARIS
MARCHAL & BILLARD
LIBRAIRES-ÉDITEURS
27,—Place Dauphine,—27

CAEN
E. BRUNET
LIBRAIRE DE LA COUR D'APPEL
48-50, Rue Écuyère

1890

Caen. — Imprimerie-Reliure veuve A. DOMIN, rue de la Monnaie

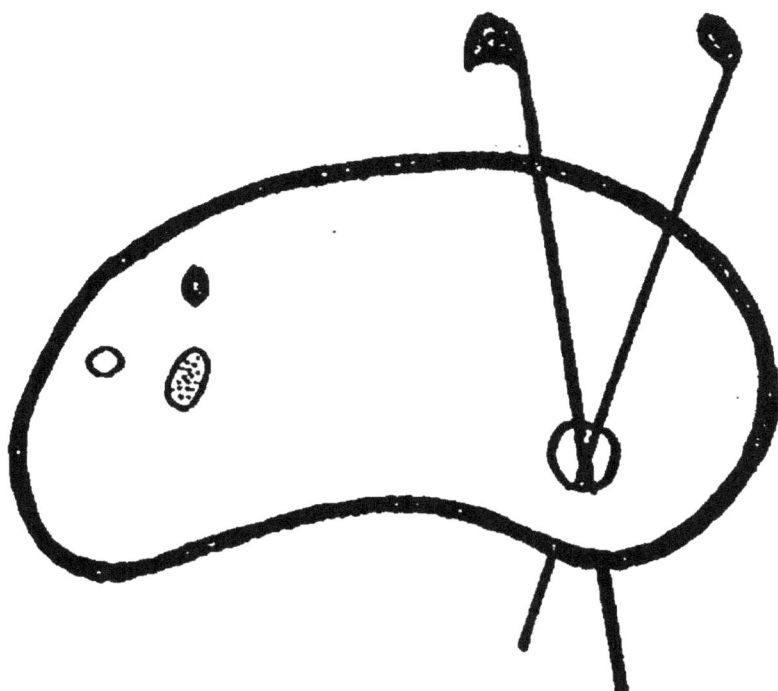

FIN D'UNE SERIE DE DOCUMENTS
EN COULEUR

COUTUMES 1022

DE NORMANDIE

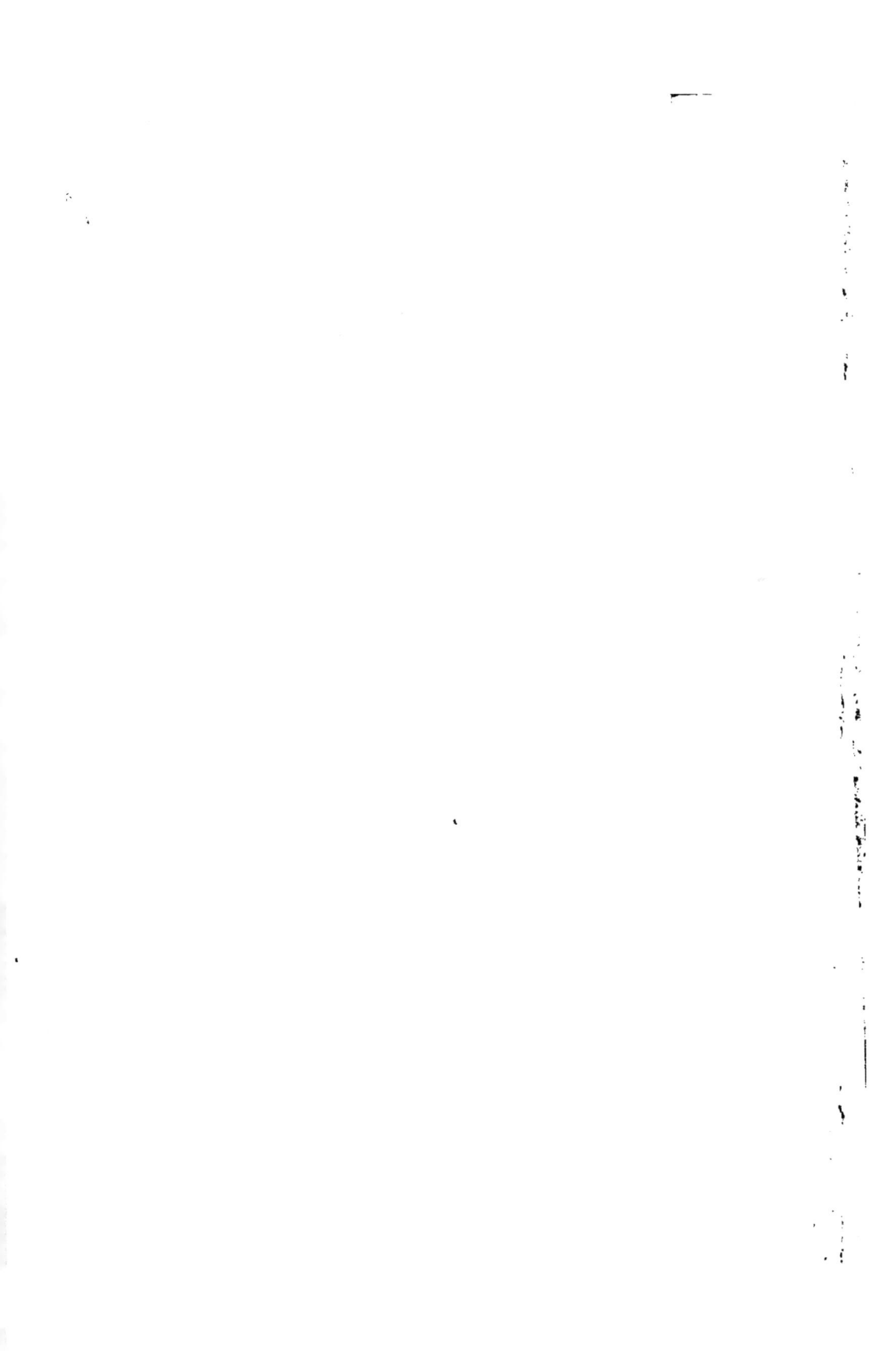

COUTUMES
DE NORMANDIE

LOIS FRANÇAISES

ET JURISPRUDENCE DES TRIBUNAUX

NORMANDS

concernant

LE VOISINAGE, LA MITOYENNETÉ

ET LES

SERVITUDES

PAR

L.-A. ANDRÉ

ANCIEN NOTAIRE

———— ✳ ————

PARIS

MARCHAL & BILLARD

LIBRAIRES-ÉDITEURS

27,—Place Dauphine,—27

CAEN

E. BRUNET

LIBRAIRE DE LA COUR D'APPEL

48-50, Rue Écuyère

1896

CAEN, — IMPRIMERIE-RELIURE Vᵗᵉ A. DOMIN

AVERTISSEMENT

Les biens immeubles, fonds de terre et bâtiments, sont soumis à des règles très nombreuses, résultant de lois régissant tout le territoire français; à côté des dispositions d'intérêt général, il existe aussi, pour des points de détail, différents usages locaux, auxquels le législateur renvoie souvent (1).

En Normandie, nous avons conservé un assez grand nombre de Coutumes spéciales, relatives au voisinage et aux servitudes. Ce petit volume a pour but de les réunir et de les rapprocher des règles générales; nos compatriotes verront ainsi les facultés leur appartenant et les devoirs qui leur sont imposés, soit entr'eux, soit avec les administrations, dans des matières d'un intérêt journalier pour l'agri-

(1) C. civ., 644, 645, 663, 671, 674, etc.

culture et l'industrie, comme pour la commodité de toutes les relations.

Outre l'analyse des textes intéressant la propriété foncière, le lecteur trouvera ici l'indication des arrêts des Cours de Caen et de Rouen, avec l'opinion des jurisconsultes qui ont écrit sur les servitudes urbaines et rurales.

Cet ouvrage est divisé en Chapitres :

Un chapitre préliminaire contient des notions générales sur la propriété;

Le 1er chapitre est consacré aux restrictions de la propriété;

Le 2e chapitre traite de la copropriété;

Le 3e chapitre a pour objet les servitudes légales;

Le 4e chapitre renferme les servitudes établies par l'homme;

Le 5e chapitre est relatif aux notions de procédure;

Un appendice rapporte les anciens textes des servitudes;

Enfin, une table alphabétique destinée à faciliter les recherches, termine le volume.

OUVRAGES CITÉS

AUBRY et RAU. — Cours de droit civil français, tomes II et III, Paris, 1869.

BASNAGE. — Coutume de Normandie, Rouen, 1694.

BÉRAULT. — Coutume de Normandie, Rouen, 1660.

DAVIEL. — Traité des cours d'eau, Paris, 1845.

DEMANTE. — Cours de Code civil, tome II, Paris, 1883.

DEMOLOMBE. — Cours de Code Napoléon, tomes XI et XII, Paris, 1863.

DE VILADE. — Les coutumes de Normandie, Paris, 1861.

DURANTON. — Cours de droit français, tome V, Paris, 1844.

FLAUST. — Explication de la coutume de Normandie, Rouen, 1781.

FRIGOT, Coutume de Normandie, Coutances, 1779.

GODEFROY. — Coutume de Normandie, Rouen, 1626.

HOUARD. — Dictionnaire de la coutume de Normandie, Rouen, 1780.

HUC. — Commentaire du Code civil, tome IV, Paris, 1893.

LAURENT. — Principes de droit civil, tomes VII et VIII, Paris, 1878.

LE ROYER DE LA TOURNERIE. — Commentaire de la coutume de Normandie, Rouen, 1769.

LOYSEL. — Usages locaux de Cherbourg, Cherbourg, 1861.

MILLET. — Traité du bornage, Paris, 1862.

MOUCHEL. — Usages de Cherbourg, Cherbourg, 1895.

PANNIER. — Usages locaux de Lisieux, Caen, 1860.

PARDESSUS. — Traité des servitudes, Paris, 1838.

PESNELLE. — Coutume de Normandie, Rouen, 1727.

PROUDHON. — Traité du domaine public, tome II, Paris, 1844.

TOULLIER. — Droit civil français, tome III, Paris, 1830.

Usages locaux de l'Eure, Evreux, 1889.

Usages locaux de l'Orne, Alençon, 1888.

Usages locaux de la Seine-Inférieure, Rouen, 1834.

VAUDORÉ. — Le droit rural, Paris, 1823.

ABRÉVIATIONS

Arr. parl.	Arrêt du Parlement de Normandie.
Art.	Article.
Cass.	Arrêt de la Cour de Cassation.
Cir. min.	Circulaire ministérielle.
C. civ.	Code civil.
C. for.	Code forestier.
C. inst. crim.	Code d'instruction crimiuelle.
C. pen.	Code pénal.
C. pr.	Code de procédure civile.
Comp.	Comparez.
Cons. d'Et.	Arrêt du Conseil d'État.
Cout. norm.	Coutume de Normandie.
D., 74, 1, 122.	Dalloz, *Répertoire périodique*, année 1874, première partie, page 122.
Décr.	Décret.
L.	Loi.
Ord.	Ordonnance.
R. 89, 157.	*Recueil des Arrêts des Cours de Caen et de Rouen*, année 1889, page 157.
	Ce recueil est divisé en deux parties, la première contient les arrêts de Caen et la 2ᵉ ceux de Rouen.
Régl.	Règlement.
S. 73, 1, 53.	Sirey, *Recueil général*, année 1873, première partie, page 53.
Tr.	Tribunal.

VOISINAGE, MITOYENNETÉ

ET

SERVITUDES

CHAPITRE PRÉLIMINAIRE

NOTIONS GÉNÉRALES

1. — Celui qui a la propriété d'un fonds est maître du dessus et du dessous. Ainsi, les constructions, plantations et ouvrages se trouvant sur un terrain, comme aussi le tréfonds avec tout ce qu'il renferme : terre, pierre, sable, tourbe, minerai, etc., sont présumés appartenir au propriétaire du sol, si le contraire n'est pas prouvé (1).

2. — La propriété d'un fonds emporte celle de ses divers accessoires, tels que arbres, sour-

(1) C. civ., 552, 553; comp. Cass., 11 novembre 1889, S. 91, 1, 459.

ces, lapins des garennes, poissons des étangs, pigeons des colombiers, ruches à miel (1).

Parmi les accessoires ou dépendances des fonds, il faut rappeler que les propriétaires :

1° D'étangs sont présumés avoir la propriété de tout le terrain que l'eau couvre quand elle est à la hauteur de la décharge de l'étang (2);

2° De moulins ou usines, ont légalement la propriété du biez qui y amène l'eau et du canal de fuite par lequel elle s'écoule, lorsque ce biez et ce canal ont été creusés de main d'homme et pour le service de l'usine (3);

3° Riverains des chemins et sentiers d'exploitation, servant exclusivement à la communication entre divers héritages ou à leur exploitation, en sont présumés propriétaires, chacun en droit soi (4).

Au contraire, les riverains des rivières non navigables ni flottables et même des ruisseaux, n'en ont pas la propriété; ils ne possèdent que

(1) C. civ., 516, 564, 611.
(2) C. civ., 558. — V. aussi Cass., 19 février 1806.
(3) Comp. C. civ., 516; Cass., 4 février 1873, S. 73, 1, 53; D. 74, 1, 122.
(4) L. 20 août 1881, art. 33.

les droits d'usage et de pêche qui leur sont expressément concédés par les lois (1).

3. — Les habitants des communes du littoral et les propriétaires ou usufruitiers de terres cultivées situées dans ces communes, peuvent récolter le varech ou goémon, chacun dans l'étendue de son territoire. Les propriétaires de terres cultivées situées dans les communes du littoral, ont droit à la récolte du varech sans être tenus de justifier du fait d'habitation, lorsque ces terres ont une contenance de 15 ares au moins et sont exploitées par eux. Pour les propriétés indivises ou communes, le droit de récolter n'appartient qu'aux propriétaires dont la part est d'une surface de 15 ares au moins. Les propriétaires non habitants sont tenus de produire leurs titres enregistrés; ils n'ont d'ailleurs la faculté de récolter que par eux-mêmes, leurs conjoints et leurs enfants légitimes habitant avec eux (2).

4. — L'enlèvement de sable coquiller, de sablon, de tangue dans la mer, pour l'engrais des

---

(1) C. civ., 711; Rouen, 3 janvier 1866; Cass., 22 décembre 1880, S. 87, 1, 477.

(2) Ord. août 1681, tit. x, art. 1 et 3; C. civ., 717; Décr. 8 février 1868, 29 janvier 1890.

terres, est permis aux cultivateurs des communes du littoral, sur certificat du maire et qui est valable pour une année (1).

5. — Le propriétaire d'un fonds est libre d'en faire ce que bon lui semble (2).

C'est ainsi qu'il a, d'une manière générale, le droit : 1° De recueillir les fruits et avantages de toute nature que son fonds est susceptible de produire ; 2° D'user de la chasse (3) et de la pêche (4) qui sont des attributs de la propriété ; 3° De creuser des puits, faire des fouilles, ouvrir des carrières ou des mines (5) ; 4° De cultiver (6) ses terres comme il lui plaît et de défricher ses bois (7) ; 5° De faire des constructions jusqu'à la limite de son fonds, et à une hauteur quelconque ; 6° D'établir des étangs en utilisant les eaux

(1) Ord. 19 mai 1817, art. 1 et 2. — L'enlèvement des sables est interdit sur certains points déterminés par l'autorité maritime. Pour extraire des pierres, galets, etc., dans la mer, il faut une autorisation préfectorale (Cons. d'État, 21 novembre 1893).

(2) C. civ., 537, 544, 1382, 1383.

(3) L. 3 mai 1844, art. 1 et 2.

(4) L. 15 avril 1829, 31 mai 1865. — La pêche côtière est réglementée par décrets des 10 mai 1862 et 1er février 1890.

(5) C. civ., 552.

(6) La culture du tabac n'est pas libre, L. 28 avril 1816, art, 130.

(7) C. for., 219, 221.

qui naissent ou viennent sur son héritage; 7° De clôre et de déclôre à sa volonté; 8° D'entretenir tels animaux que bon lui semble; 9° De vendre ou donner son héritage, comme aussi de le grever de servitudes au profit d'un autre héritage.

6. — D'un autre côté, les droits des propriétaires sont soumis à des restrictions assez nombreuses, les unes établies pour l'utilité du voisinage, les autres ayant pour but l'intérêt public.

À l'égard des voisins, les restrictions au droit de propriété sont basées sur ce principe qu'on doit s'abstenir de causer dommage à autrui. C'est à cette règle que se rattachent les dispositions relatives aux déversement des eaux, à l'égout des toits, aux jours et vues, aux plantations et à la distance de certaines constructions (1).

Quand aux restrictions fondées sur des motifs de sécurité ou d'intérêt public, elles comprennent notamment les établissements insalubres ou dangereux, les mines et carrières, les constructions et plantations près d'une voie publique,

(1) C. civ., 671, 674, 678, 681.

l'expropriation pour l'établissement de chemins de fer, routes, etc. (1).

7. — Au lieu d'être absolue, exclusive, la propriété se trouve parfois indivise, commune entre plusieurs personnes à titre d'accessoire d'héritages voisins; alors chacun use de la chose commune d'après sa destination, mais en s'abstenant de porter atteinte au droit égal et réciproque de ses consorts (2).

8. — Le voisinage des fleuves et rivières navigables, des places de guerre, des forêts de l'État, des chemins de fer, des routes, etc., restreint d'une manière sensible le droit de propriété, notamment pour les constructions, plantations et fouilles (3).

9. — D'autres propriétés se trouvent soumises à quelques entraves pour l'écoulement des eaux, les irrigations, le drainage, le passage pour cause d'enclave, etc. (4).

---

(1) Décr. 15 octobre 1810; L. 22 juillet 1791, 21 avril 1810, 3 mai 1811.

(2) C. civ., 653, 664. 666.

(3) Édit 13 août 1669; L. 10 juillet 1851, 9 ventôse an XIII, 15 juillet 1845; C. for., 151 à 153.

(4) C. civ., 640, 682; L. 29 avril 1845, 11 juillet 1847.

10. — Enfin les propriétaires peuvent imposer à leurs héritages des assujettissements ou servitudes pour l'usage, l'utilité ou l'agrément d'autres héritages (I).

Ces servitudes s'établissent généralement par des titres; à défaut de titres, il peut y être suppléé, dans certains cas seulement, soit par la destination du père de famille, soit par la prescription.

Il est très important de ne pas confondre une servitude avec une propriété indivise, car les droits des intéressés diffèrent dans les deux cas. Cette distinction est sensible pour les puits, cours, allées, pressoirs, etc.

11. — Les contestations entre propriétaires, relatives au voisinage et aux servitudes, sont de la compétence du juge de paix ou du tribunal civil d'arrondissement; les difficultés intéressant le public sont généralement tranchées par l'autorité administrative.

(I) C. civ , 637, 680.

CHAPITRE PREMIER

RESTRICTIONS DE LA PROPRIÉTÉ

PREMIÈRE SECTION

LIMITATIONS DANS L'INTÉRÊT RÉCIPROQUE DES VOISINS

I. — Jours et vues sur le voisin

12. — On appelle jours les ouvertures destinées seulement à éclairer un appartement, sans procurer ni air, ni le moyen de voir au dehors; au contraire, les vues permettent de regarder directement sur l'héritage d'autrui, outre qu'elles laissent entrer l'air du dehors. Cette différence entre les deux espèces d'ouvertures est très importante.

1° *Jours*

13. — Celui qui est propriétaire d'un mur, non mitoyen, joignant immédiatement l'héritage d'autrui ou ne s'en trouvant pas à une distance qui permette d'ouvrir des vues droites ou obliques, ne peut pratiquer dans son mur que des jours garnis d'un chassis à verre dormant, c'est-à-dire fixé à demeure, et d'un treillis de fer dont les mailles aient au plus 1 décimètre (environ 3 pouces 8 lignes (1) d'ouverture (2).

Ces jours doivent être établis à 26 décimètres (8 pieds) au-dessus du plancher de la pièce qu'on veut éclairer, si c'est au rez-de-chaussée, et à 19 décimètres (6 pieds) pour les étages supérieurs (3).

14. — Lorsque les deux fonds ne sont pas de même niveau, il suffit que la hauteur existe du côté du voisin qui se propose d'ouvrir des jours (4).

15. — S'il s'agit d'éclairer un escalier, il faut qu'il y ait toujours la hauteur voulue entre chaque ouverture et la marche la plus rapprochée (5).

(1) Le pied valait 0,3248; le pouce 0,027; la ligne 0,00225.

(2) C. civ., 676; comp. 678, 679; Caen, 10 janvier 1871, R. 71, 89.

(3) C. civ., 677.— Sous la coutume de Normandie, art. 616, les jours devaient toujours être à sept pieds, sa disposition est encore applicable aux jours établis avant le 10 février 1801; Caen, 22 décembre 1851, R. 52, 31.

(4) Pardessus, 210; Demolombe, XII, 531; Delvincourt, I, 163; — Contrà, Toullier, II, 520.

(5) Aubry et Rau, § 196, note 12; Demolombe, XII, 535; Huc, IV, 380.

16. — Du reste, le propriétaire a le droit de donner aux jours la hauteur et la largeur qu'il juge convenable (1).

17. — Quant aux soupiraux des caves, la loi n'en dit rien; en pratique on admet qu'il est permis de les établir selon la disposition de la pièce, à une hauteur moindre que celle légale, pourvu que le voisin n'en éprouve aucune incommodité sensible (2).

18. — Les jours pratiqués ainsi qu'il vient d'être dit, ne constituent aucune servitude sur le fonds du voisin; en conséquence, celui-ci a le droit, soit d'élever sur son fonds des constructions qui rendront inutiles les jours ouverts (3), soit d'acquérir la mitoyenneté du mur joignant immédiatement et d'exiger la fermeture des jours, quoiqu'ils existent depuis plus de trente ans (4).

Mais, si le propriétaire du mur, outrepassant son droit, a ouvert des vues proprement dites ou des jours libres, il acquerra la prescription

(1) Pardessus, 210; Marcadé, art. 677; Toullier, II, 525.
(2) Aubry et Rau, § 196, note 13; Huc, IV, 380.
(3) Demolombe, XII, 510.
(4) C. civ., 661, 675; Cass., 13 juin 1888, S. 88, 1, 413.

par trente ans, à moins de prouver par un écrit ou par un ensemble de circonstances, qu'ils n'ont été établis qu'à titre de tolérance (1).

2° Vues

19. — Les vues sont droites ou obliques : les vues droites s'exercent par des ouvertures faites dans un mur parallèle à la ligne de séparation des deux héritages ; les vues obliques s'exercent par des ouvertures pratiquées dans un mur qui fait angle avec cette ligne.

20. — On ne peut établir de vues droites sur le fonds d'autrui, au moyen de fenêtres d'aspect, balcons, ou autres semblables saillies, qu'à la distance de 19 décimètres (6 pieds) de ce fonds, peu importe qu'il soit clos ou non (2).

Sont assimilés aux vues droites les belvédères (3), terrasses (4), plates-formes (5) et pa-

(1) Cass., 20 octobre 1891, S. 92. 1, 115; Demolombe XII, 533 *bis*; Aubry et Rau, § 196, note 20.

(2) C. civ., 678; Demolombe, XII, 560.

(3) Comp. Metz, 25 mai 1848, S. 50, 1, 19 ; Demolombe, XII, 572.

(4) Bordeaux, 18 mars 1858, S. 50, 2, 177; comp. Rouen, 18 avril 1868, R. 68, 83.

(5) Comp. Caen, 12 avril 1866, S. 67, 2, 17.

liers d'escaliers (1), disposés de manière à permettre une vue sur la propriété voisine.

21. — La distance se compte pour les fenêtres ouvertes dans un mur de bâtiment ou de clôture, du parement extérieur de ce mur et pour les balcons, saillies ou autres ouvrages, de la ligne extérieure de l'appui ou de la balustrade de face, jusqu'à la ligne formant limite de l'héritage voisin (2).

Si les deux héritages sont séparés par un mur mitoyen, la ligne séparative passe au milieu de l'épaisseur de ce mur (3).

22. — Il n'est permis d'avoir de vues par côté ou obliques sur le fonds d'autrui qu'à la distance de 6 décimètres (2 pieds (4) comptés pour les fenêtres, de l'arête des montants de ces ouvertures, et pour les balcons ou autres saillies de la ligne extérieure de la balustrade ou de l'appui du côté où se prend la vue, jusqu'au point le plus rapproché de la ligne formant la limite de l'héritage voisin (5).

(1) Caen, 16 mars 1871, R. 71, 117.

(2) C. civ., 680.

(3) Cass., 5 mai 1831; Pardessus, 205; Demolombe, XII, 557.

(4) C. civ., 679.

(5) Pardessus, 206; Aubry et Rau, § 196, note 25; Demolombe, XII 50.

23. — Lorsque des vues ont été établies à une distance moindre que celle légale, le voisin sur l'héritage duquel elles donnent, est autorisé à en demander la suppression pure et simple; mais la jouissance de pareilles vues pendant 30 ans, conduirait à l'acquisition d'une véritable servitude de vue (1).

24. — Les règles relatives à la distance des vues ne concernent pas celles acquises par titre ou par destination du père de famille (2).

Ces règles sont d'ailleurs étrangères : 1° Aux intervalles que présente une clôture d'après son mode de construction, par exemple lorsqu'elle est à claire-voie ou sous forme de grille, même sur un mur à hauteur d'appui (3); 2° Aux ouvertures d'accès, telles que portes à panneaux pleins et sans vitrage (4); 3° Aux vues donnant sur une voie publique, bien qu'à raison de son peu de largeur, les vues droites ne se trouvent

(1) Cass., 19 octobre 1889, S. 90, 1, 250.

(2) Cass., 10 décembre 1888, S. 89, 1, 156.

(3) Cass., 3 août 1836, S. 36, 1, 711; Caen, 19 mai 1837, R. 37, 421; Demolombe, XII, 561; Aubry et Rau, § 196, note 27.

(4) Cass., 28 juin 1865; Caen, 2 mars 1853, 28 mai 1862, R. 62, 330; Saint-Lo, 1er février 1888, R. 88, 265; Demolombe, XII, 551 *bis*; comp. Bordeaux, 13 décembre 1891, S. 95, 2, 101; — *Contrà*, Caen, 27 avril 1857, S. 58, 2, 177.

pas à 19 décimètres du fonds voisin (1) ; 4° Aux vues donnant sur un mur plein, ou sur le toit non percé d'ouvertures appartenant au voisin, car alors la vue ne s'exerce pas en réalité dans l'intérieur de son héritage (2) ; 5° Aux lucarnes ou fenêtres à tabatière pratiquées dans le toit et ne permettant pas de diriger la vue chez le voisin (3) ; 6° Aux jours ou vues ouvrant sur une cour ou un passage commun (4) ; toutefois, il en serait autrement pour une ruelle destinée uniquement à l'écoulement des eaux (5).

II. — Clôture d'héritage

25. — Le droit de clore et de déclore son héritage appartient à tout propriétaire (6), mais il y a des exceptions à signaler.

---

(1) Cass., 28 octobre 1891, S. 92, 1, 23 ; Rouen, 9 décembre 1878, S. 79, 2, 117.

(2) Cass., 4 février 1880, S. 91, 1, 161 ; Caen, 14 mars 1838, R. 38, 162 ; Rouen, 7 décembre 1858, R. 59, 14.

(3) Laurent, VIII, 16 ; Demolombe, XII, 571 ; comp. Caen, 12 avril 1866, S. 67, 2, 17 ; Rouen, 21 mai 1881, R. 81, 289.

(4) Cass., 19 juin 1876, S. 77, 1, 207 ; Caen, 21 août 1842, S. 43, 2, 78 ; comp. Cass., 25 juin 1895, S. 95, 1, 345.

(5) Caen, 4 février 1880, S. 91, 1, 161 ; Demolombe, XII, 565.

(6) C. civ., 647 ; Décr. 28 septembre-6 octobre 1791, sect. IV, art. 1.

26. — Un propriétaire ne pourrait par la clôture de son fonds : le soustraire à la servitude légale de passage pour cause d'enclave (1); rendre plus incommode l'exercice d'une servitude conventionnelle de passage (2); nuire aux servitudes de vue, de prospect, etc., le grevant.

Les fonds se trouvant dans le voisinage des places de guerre (3), ou près d'un cours d'eau navigable (4), sont soumis à des servitudes qui entravent le droit de clore.

27. — Celui dont l'héritage est traversé par un cours d'eau non navigable ni flottable, n'est pas autorisé à fermer ce cours d'eau au moyen de chaînes, pour s'opposer au passage des bateaux que chacun peut y faire circuler, à titre de faculté résultant du droit commun (5).

28. — Les droits de parcours et de vaine pâture (6), fondés seulement sur la coutume ou sur

(1) C. civ., 682.
(2) Caen, 20 janvier 1891, S. 91, 2, 292; Demolombe, XI, 284.
(3) Décr. 10 août 1853.
(4) Ord. 1669, tit. XXVII, art. 42.
(5) Rouen, 3 janvier 1860, S. 60, 2, 152.
(6) La *vaine pâture* est le droit qu'ont les habitants d'une commune de conduire leurs troupeaux sur les champs non clos après l'enlèvement des récoltes, ou sur les prairies naturelles après que

un usage local, ne font pas obstacle à la faculté de se clore (1).

Il en serait autrement si le droit de vaine pâture était fondé sur un titre, surtout dans le cas où le titre renfermerait la stipulation formelle, précise, d'une servitude conventionnelle de pâturage, ou mieux encore un droit de propriété (2); alors, il y aurait obstacle invincible à la clôture.

Le propriétaire qui use de la faculté de clore un héritage l'affranchit de la vaine pâture, et perd son droit au parcours et vaine pâture en proportion du terrain qu'il y soustrait (3).

Est réputé clos, tout terrain entouré soit par

les premières herbes ont été fauchées ou consommées. Ce même droit exercé d'une commune à une autre par voie de réciprocité, prend le nom de *parcours* (L. 28 septembre-6 octobre 1791, tit. I, sect. IV, art. 2 et 3). Quelque soit le fondement de ces droits, ils ont des effets déplorables au point de vue agricole; il est très désirable que les intéressés usent de la faculté accordée par la loi du 22 juin 1800, pour les abolir moyennant des indemnités raisonnables; l'intérêt général l'exige et doit faire céder les quelques intérêts particuliers qui tirent un maigre profit de vieux droits dont tout le monde comprend les inconvénients.

(1) L. 9 juillet 1889, art. 6.

(2) Cass., 11 novembre 1853, 28 juillet 1875, S. 76, I, 162; Caen, 13 juillet 1835, 25 juillet 1845, 17 janvier 1851, S. 51, I, 105.

(3) C. civ., 648, L. 6 juillet 1889, art. 6 et 7.

une haie vive, soit par un mur, une palissade,
un treillage, une haie sèche d'une hauteur de
1 mètre au moins, soit par un fossé de 1^{m}20 à
l'ouverture et de 50 cent. de profondeur, soit
par des traverses en bois ou des fils métalliques
distants entr'eux de 33 cent. au plus, et s'élevant
à un mètre de hauteur, soit par toute autre clôture continue et équivalente faisant obstacle à
l'introduction des animaux (1).

29. — Les clôtures au moyen de haies vives
ou de fossés doivent être placées à une certaine
distance du fonds voisin (n°s 40, 50); quant aux
palissades, treillages, clôtures sèches et murs,
ils peuvent être établis à limite d'héritage, malgré tous prétendus usages contraires, et quelle
que soit la nature du fonds voisin (2).

30. — Il est loisible à toute personne de déclore son fonds lorsque bon lui semble (3). Cependant les propriétaires d'héritages ruraux clos
de haies vives ou de fossés, sont tenus d'entretenir ces clôtures, si mieux ils n'aiment les
détruire entièrement le long du fonds voisin, ce

(1) L. 9 juillet 1889, art. 6.

(2) Evreux, 19 février 1881, R. 81, 83; S. 81, 2, 247; — *Contrà*,
usages Eure, art. 20 et 30.

(3) Caen, 19 décembre 1860, R. 61, 20.

qu'ils ont la liberté de faire s'il n'y a titre contraire. Néanmoins, ceux qui veulent détruire leur clôture ne peuvent user de ce droit que depuis le 1er novembre jusqu'au 25 décembre, et après avoir averti le voisin trois mois avant le 1er novembre (1), afin qu'il ait le temps de faire une nouvelle clôture s'il le juge utile.

31. — L'usage en Normandie étant de faire dépouiller les herbages et pâturages par des animaux en liberté, sans gardien, si ces animaux pénètrent dans un terrain limitrophe clos de haies, par exemple un jardin, le propriétaire du jardin n'est pas recevable, quand sa clôture est en mauvais état, à réclamer indemnité pour le dommage causé, parce qu'il doit entretenir sa clôture tant qu'il la conserve (2).

III. — Distance des plantations

1° Règles générales

32. — A défaut d'usages constants contraires, il n'est permis d'avoir des arbres, arbris-

(1) Arrêt Parlement 17 août 1751, art. 11; Flaust, II, 12; Caen, 22 janvier 1843, R. 48, 500.

(2) Bayeux, 13 janvier 1800; Pont-l'Évêque, 31 mai 1855, R. 66, 116. — L'usage de laisser les bestiaux en liberté, sans gardien, même

seaux et arbustes près de la limite de la propriété voisine qu'à la distance de 2 mètres de
la ligne séparative des deux héritages, pour les
plantations dont la hauteur dépasse 2 mètres,
et à la distance de 1/2 mètre pour les autres
plantations (1).

33. — La distance légale se calcule depuis le
centre de l'arbre et non de sa surface extérieure,
jusqu'à la ligne séparative (2).

Pour les héritages séparés par une clôture
mitoyenne, la ligne séparative est au milieu de
l'espace occupé par cette clôture (3).

Si les deux propriétés sont divisées par un
cours d'eau, la distance se calcule non pas du
milieu du ruisseau, mais bien du bord de la propriété voisine, parce que le lit du cours d'eau
est une chose n'appartenant à personne (4).

---

dans des herbages clos, est contraire au décret des 28 septembre-
6 octobre 1791, titre 2, art. 12 (Cass., 3 mai 1877, 28 août 1879,
1er juillet 1893, S. 91, 1, 150).

(1) C. civ., 671.

(2) Solon, 213; Aubry et Rau, § 197, note 13; Laurent VIII, 8;
Huc, IV, 304;— *Contrà,* Demolombe, XI, 490, dit que la distance se
calcule à partir de la surface de l'arbre au moment de la plantation.

(3) Pardessus, 191; Demolombe, XI, 495; Huc, IV, 304.

(4) Cass., 23 novembre 1858, 6 mai 1861, 8 mars 1865; Rouen,
3 janvier 1866, R. 66, 2, 152.

34. — Les haies vives se plantent à 1/2 mètre du fonds voisin, et elles doivent être maintenues à une hauteur maximum de 2 mètres (1).

35. — Quant aux treillages, palissades et haies sèches, il n'y a aucune distance à observer pour leur établissement (2).

36. — La bande de terrain (3) de 50 centimètres laissée entre la haie vive et la propriété du voisin, n'en reste pas moins appartenir au propriétaire de la haie qui peut s'opposer à ce que le voisin dispose de cette bande en aucune façon (4). De son côté, le voisin a le droit d'exiger l'essartement, c'est-à-dire la coupe des accrues et broussailles poussant sur cette bande.

37. — Les arbres, arbustes et arbrisseaux de toute espèce peuvent être plantés en espaliers, de chaque côté du mur séparatif, sans que l'on soit tenu d'observer aucune distance, mais ils ne pourront dépasser la crête du mur. Si le mur

(1) C. civ., 671.

(2) Pardessus, 187; de Vilade, p. 151; Usages (Eure), 36; Usages (Seine-Inférieure), 180.

(3) Cette bande s'appelle répare, lisière, franc-bord, franche-raie, porte-rouelle, tour de haie, etc.

(1) Rouen, 20 avril 1802, R. 02, 182; comp. Loysel, 71.

n'est pas mitoyen, le propriétaire seul a le droit d'y appuyer ses espaliers (1).

38. — Le voisin peut exiger que les arbres, arbrisseaux et arbustes, plantés à une distance moindre que celle légale, soient arrachés ou réduits à la hauteur déterminée, à moins qu'il n'y ait titre, destination du père de famille ou prescription trentenaire. Si les arbres meurent, ou s'ils sont coupés ou arrachés, le voisin n'a le droit de les remplacer qu'en observant les distances légales (2).

39. — Celui sur la propriété duquel avancent les branches des arbres du voisin peut contraindre celui-ci à les couper. Les fruits tombés naturellement de ces branches lui appartiennent. Si ce sont les racines qui avancent sur son héritage, il a le droit de les y couper lui-même. Le droit de couper les racines ou de faire couper les branches est imprescriptible (3).

40. — L'observation des distances de 2 mètres et de 1/2 mètre doit avoir lieu à la ville comme

(1) C. civ., 671.
(2) C. civ., 672.
(3) C. civ., 673 ; comp. Agen, 3 mars 1893, S., 93, 2, 144.

à la campagne, entre les terrains en culture comme entre ceux en prairie (1).

2° *Règles Normandes*

41. — D'ailleurs, les distances qui viennent d'être indiquées ne sont à observer qu'à défaut de règlements ou d'usages locaux constants et reconnus (2).

A cet égard un arrêt du parlement de Normandie, du 17 août 1751, contient des règles spéciales toujours en vigueur dans cette province (3), et qu'il faut rappeler:

42. — Nul ne peut planter pommiers ou poiriers qu'à 7 pieds (2ᵐ33) de distance du fonds voisin, et le propriétaire des arbres est tenu de couper l'extrémité des branches autant qu'elles s'étendent sur le terrain voisin (4).

43. — Les arbres de haute futaie ne peuvent être plantés dans les terres non closes ou sur

(1) Caen, 19 février 1850, S. 50, 2, 587; Laurent, VIII, 4; Demolombe, XI, 485.

(2) C. civ., 671.

(3) Caen, 21 août 1835, 22 janvier 1848, R. 48, 500.

(4) Arrêt 17 août 1751, art. 5. — Il est généralement admis que le voisin doit accorder le passage pour pratiquer l'élagage et retirer les branches en provenant.

les fossés qu'à 7 pieds de distance du fonds voisin (1).

44. — On plante le jonc marin (vignon, ajonc), à 3 pieds (1 mètre) du fonds voisin, et le bois taillis à 7 pieds sans fossé de séparation ou à 5 pieds avec fossé ; néanmoins, il est permis de planter un bois taillis jusqu'à l'extrémité de son terrain, proche le bois taillis voisin (2).

45. — Les haies peuvent être plantées à 1 pied 1/2 (50 cent.) du voisin, et doivent être tondues au moins tous les six ans du côté du voisin, et réduites alors à la hauteur de 5 à 6 pieds au plus, sans qu'il soit permis de laisser échapper aucun baliveau ou grand arbre (3).

On appelle haie de pied celle plantée verticalement dans le sol uni ou sur le haut d'un talus, et haie en douve ou tablette celle couchée

(1) Arrêt 1751, art. 6 et 14. — Entre masures et herbages, les arbres de haut jet sont plantés à 1m16 dans le pays de Caux (Usages, Seine-Inférieure, art. 169 et 170). Pour le canton de Saint-Pierre-Église, la distance est de 5 pieds (Loysel, p. 87).

(2) Arrêt 1751, art. 9.

(3) Arrêt 1751, art. 10. — Entre jardins, les haies sont tondues au moins chaque année et réduites à une hauteur moindre que celle prescrite par le règlement général (Usages Seine-Inférieure, 181 à 183; Usages Eure, 27 et 29).

à plat, ordinairement sur le bord d'un fossé et recouverte de terre.

La distance réglementaire doit être observée pour les unes comme pour les autres. Les plus anciens brins de bois formant la haie sont appelés *pieds cormiers ;* ils servent à déterminer la ligne sur laquelle la plantation a été primitivement faite.

46. — Du reste, la distance de 7 pieds fixée par le règlement de 1751 pour les arbres de haut jet, s'applique seulement aux terrains nus ou clôs de haies ; elle est étrangère aux héritages clôs de murs (1) ; en conséquence, la distance de 2 mètres fixée par le Code civil est seul à observer par les plantations de haut jet dans les terrains clôs de murs, lorsqu'il n'existe pas d'usage local dérogatoire.

47. — Il n'y a aucune distance à observer pour planter des grands arbres dans les villes de Caen, Bayeux (2) et Cherbourg (3).

A Rouen, dans les jardins des maisons de plaisance, les arbres à haute tige, surtout ceux

(1) Flaust, II, 909 ; Caen, 19 février 1870, S. 70, 2, 587.
(2) Caen, 25 juin 1831 ; Tr. Caen, 25 mars 1819, R. 10, 105.
(3) Loysel, p. 83 ; Mouchel, p. 90.

1*

d'agrément, sont plantés sans observation de distance (1).

Au surplus, le voisin conserve toujours le droit de faire couper les branches avançant sur sa propriété.

Il n'existe pas à Lisieux d'usage contraire aux prescriptions du Code civil pour la plantation des arbres (2).

48. — Dans les prairies bordant une petite rivière ou un ruisseau, on peut planter les arbres aquatiques, peupliers, saules, aulnes, etc., sans observation de distance à l'égard du voisin, mais en espaçant les arbres de 3 mètres au moins entr'eux. Ces plantations garantissent le sol de l'action des eaux.

IV. — Distance des fossés

49. — On distingue deux genres de fossés : le fossé en creux (3), et le fossé en élévation appelé aussi masse, banque, levée, etc.

Le fossé creusé comprend trois objets : le creux proprement dit fait en talus, la répare ou

---

(1) Tr. Rouen, 11 avril 1866; 9 mars 1878, R. 78, 197.

(2) Caen, 15 juin 1876, R. 79, 161.

(3) Comp. C. civ., 666.

réparation du côté du voisin, et une haie plantée en douve ou tablette. La terre provenant du creusement est d'ordinaire rejetée sur le fonds du propriétaire, et c'est à la base de ce rejet que la haie est établie, les brins étant couchés, les racines du côté du constructeur ; d'autres fois cependant la terre se rejette du côté du voisin sur la répare, et la haie couchée sur le sol du rejet, les racines du côté du voisin.

Le fossé élevé ou masse est entouré de deux creux, celui du côté du voisin en glacis seulement; quelque fois pourtant, la masse n'a pas de glacis ; elle est toujours plantée d'une haie ou même d'une double haie placée sur les bords du sommet.

50. — Celui qui veut creuser un fossé chez lui est obligé, pour éviter les éboulements, de laisser entre le bord extérieur de son fossé et la ligne divisoire, un espace libre de 50 centimètres (1 pied 1/2), et si la terre voisine est en labour, la séparation doit être de 60 centimètres (2 pieds); en outre, il faut toujours que le fossé soit fait en talus du côté du voisin (1).

(1) Arrêt 1751, art. 13; Évreux, 9 mai 1801; Caen, 29 juin 1885, R. 85, 218. — Loysel dit (page 70), que la répare est de 1 pied dans le canton de Saint-Pierre-Église.

51. — Le propriétaire d'un fossé est présumé avoir la propriété d'une répare, lors même que le fossé existerait entre deux bois taillis (1). Cette présomption cesse quand il s'agit d'un fossé creusé à l'origine entre diverses parties d'un même domaine (2).

52. — Il y a obligation pour le propriétaire de la répare de la maintenir libre et dégagée des ronces, épines et autres accrues qui pourraient l'envahir (3).

53. — Quant au fossé en élévation ou masse, il est ordinairement élevé à 50 centimètres de la propriété voisine (4).

Au pied du fossé du côté du voisin, on fait souvent un glacis ou une rigole peu profonde, destinée à recevoir la terre d'éboulement, et qui est rejetée sur la masse (5).

Dans quelques contrées cependant, les levées ou masses sont placées à fin d'héritage (6), mais

(1) Caen, 14 juillet 1825, 13 mars 1830, R. 30, 75.
(2) Rouen, 18 novembre 1899, R. 81, 97.
(3) Caen, 29 juin 1885, R. 85, 218.
(4) Caen, 25 avril 1831, 30 mars 1850, R. 50, 161; Usages (Eure), 11; Usages (Seine-Inférieure), 177.
(5) Caen, 25 avril 1831; Rouen, 2 juillet 1877, R. 78, 85.
(6) Usages (Eure), 16; Usages (Seine-Inférieure), 177.

construites en talus, de manière que la haie plantée au sommet se trouve à la distance réglementaire du fonds voisin.

Au surplus, la plantation de bornes au long et au pied de la masse de terre, prouve qu'il n'existe pas de répare (1).

54. — On peut forcer le propriétaire à curer ses fossés, quand ils s'engorgent de manière à nuire au libre écoulement des eaux (2).

55. — La répare d'un fossé n'est point imprescriptible : le voisin en prescrit la propriété par une culture de 30 années (3).

V. — Distances des cònstructions nuisibles

56. — Celui qui veut dans son fonds : 1° Creuser un puits ou une fosse d'aisance ; 2° Construire une cheminée, âtre, un fourneau ou une forge ; 3° Établir une étable, un dépôt de sel ou autres matières corrosives,

. Est obligé de laisser entre ces excavations, constructions ou dépôts, et le mur qui sépare

(1) Caen, 8 mai 1855, R. 65, 95.

(2) Pardessus, 182 ; de Vilade, 273.

(3) Caen, 5 novembre 1850, S. 00, 2, 201 ; Demolombe, XI, 166.

son fonds de l'héritage voisin, la distance prescrite par les règlements et usages sur la matière,
ou du moins de faire des ouvrages prescrits par
les mêmes règlements et usages pour éviter de
nuire au voisin (1).

57. — En ce qui concerne les fosses d'aisances, fosses à fumier, cloaques et citernes, il faut
un contre-mur de 1 mètre d'épaisseur (3 pieds),
construit en pierre, chaux et sable (2), ou de
toute autre manière, pourvu qu'il n'y ait aucune
infiltration ni atteinte à la propriété voisine (3).

58. — Pour les étables, vacheries, bergeries,
écuries, il est exigé un contre-mur de 22 à 33
centimètres d'épaisseur et de hauteur jusqu'au
rez de la mangeoire (4).

59. — Celui qui veut établir une cheminée

(1) C. civ., 674.

(2) Coutume Norm., 613; Basnage, II, 576, Flaust, II, 809; Caen,
17 mai 1847, R. 47, 399; comp. Caen, 27 janvier 1870, R. 70, 257;
Usages (Seine-Inférieure), 189; Usages (Eure), 62 à 64; Usages
(Orne), p. 57. — La Coutume de Paris n'exigeait qu'un contre-mur
de 33 centimètres. Le mode de construction des fosses d'aisances à
Paris, est déterminé par une ordonnance du 24 septembre 1819.

(3) Avec une maçonnerie bétonnée et cimentée, l'épaisseur du
contre-mur peut être réduite de moitié au moins.

(4) Coutume Paris, 188; Caen, 20 avril 1877, R. 77, 275.

contre un mur en maçonnerie, d'épaisseur ordinaire, non mitoyen, est tenu : 1° De rembourser à son voisin, propriétaire du mur, la moitié de sa valeur dans la largeur occupée par la cheminée et les tuyaux, et, en outre, 1 pied d'aile (33 centimètres) au-delà de chaque côté, dans toute la hauteur ; 2° De laisser le mur entier et d'y adosser, suivant les règles de l'architecture, une forte plaque en fonte ou un contre-mur de briques de 11 centimètres (4 pouces) d'épaisseur, s'élevant jusqu'au manteau de la cheminée.

Si le mur est en bois, le contre-mur doit être écarté de 6 pouces, pour une cheminée ordinaire, et avoir au moins 8 pouces d'épaisseur jusqu'au manteau (1).

60. — Tout propriétaire peut creuser un puits dans son terrain, pourvu qu'il prenne les précautions nécessaires et observe les distances voulues ; ainsi, quand le puits est à proximité soit d'un mur séparatif de deux héritages, soit d'une cave ou d'un autre puits, il faut établir un contre-mur depuis le fonds du puits jusqu'au

---

(1) Comp. C. civ., 662 ; Régl. Rouen, 17 ; Coutume Norm , 611. — D'après la Coutume de Paris, art. 189, il fallait un contre-mur de 162 millimètres.

niveau du terrain. Ce contre-mur est construit circulairement selon la circonférence du puits, et doit se trouver à 1 mètre de distance de la propriété voisine (1).

61. — Aux forges, fours et fourneaux il faut un mur particulier de 33 centimètres (1 pied) d'épaisseur, en pierre, brique ou moellon, et séparé du mur mitoyen par 1/2 pied (17 cent.) de vide et intervalle (2), afin que l'air circule librement.

Le **1/2** pied d'intervalle, appelé le tour du chat, étant exigé aussi bien dans l'intérêt public que dans celui des voisins, il n'est pas permis de déroger à cette prescription par des conventions particulières (3).

Les mêmes règles sont applicables aux forges des maréchaux, serruriers, couteliers, etc.

62. — Tous les forgerons qui usent du charbon de terre sont tenus de faire exhausser leurs cheminées de 66 centimètres au moins au-dessus du faîte des maisons pour éviter la puanteur (4).

(1) Cout. Norm., 613; Demolombe, XI, 619; Lepage, I, 128.
(2) Cout. Norm., 611; Rouen, 27 mars 1855, R. 55, 129.
(3) Arrêt 28 mars 1725; Règlement mun., Rouen, 605.
(4) Arrêt 29 mars 1510, 28 août 1726; Caen, 1er décembre 1837, 9 juin 1840, R. 40, 281.

63. — Pour les magasins de sel et autres matières corrosives, il est établi un contre-mur contre le mur mitoyen ou non ; l'épaisseur du contre-mur est de 1 pied, sa longeur et sa hauteur sont celles des magasins eux-mêmes (1).

64. — Également il n'est pas permis d'adosser contre un mur des amas de terre, vieux bois, etc., dont l'humidité et la pression ne manqueraient pas d'endommager.

65. — A défaut d'observation des précautions requises, le voisin est fondé à exiger la démolition, ou au moins l'établissement immédiat des ouvrages que le propriétaire a négligé de faire (2).

Si les travaux ont été effectués conformément aux règles de l'art, le constructeur n'est pas à l'abri de toute action de la part du voisin, mais du moins il ne pourra être recherché qu'en cas d'accident (3).

(1) Arrêt 13 juillet 1742; Caen, 3) avril 1877, R. 77, 275.
(2) Cass., 2) janvier 1821; Caen, 3) avril 1877, précité.
(3) C. civ., 1382; Pardessus, 301 ; Demolombe, XI, 321.

VI. — Déversement des eaux

66. — Aucun propriétaire ne peut faire sur son fonds quoi que ce soit qui aurait pour résultat d'envoyer sur le fonds du voisin : des eaux de fontaine ou de puits; des eaux ménagères ou industrielles (1).

Pour ces différentes eaux, le propriétaire est obligé de prendre les précautions nécessaires afin qu'elles s'écoulent sur la voie publique, ou qu'elles soient absorbées par son propre fonds.

67. — Les eaux amenées sur un fonds pour les besoins de l'agriculture ou de l'irrigation ne sauraient même être déversées sur le voisin sans l'accomplissement préalable de certaines formalités (nos 290, 298).

68. Les seules eaux que le voisin est tenu légalement de recevoir sont celles de source ou de pluie, découlant par la pente naturelle du terrain, d'un fonds supérieur sur un fonds inférieur (no 280).

(1) C. civ., 640.

VII. — Égout des toits

69. — Tout propriétaire d'un bâtiment est obligé d'établir ses toits de manière à faire tomber les eaux pluviales qui en découlent sur la voie publique, ou à les recevoir dans son fonds (1).

70. — En déversant ses eaux d'égout sur la voie publique, le propriétaire riverain n'a pas à répondre de la direction que leur donne l'autorité administrative (2).

Cette obligation de recevoir les eaux grève uniquement la voie publique; dans aucun cas le propriétaire ne peut les faire verser sur le fonds de son voisin, quand même celui-ci lui aurait vendu un terrain à bâtir, s'accédant par une voie restée la propriété du vendeur (3).

71 — A l'égard du voisin, le propriétaire qui ne met pas de gouttière, doit laisser un espace suffisant entre l'égout de son toit et la ligne séparative des deux fonds; en général, l'espace

(1) C. civ., 681.
(2) Cass., 15 mars 1887, S. 87, 1, 157.
(3) Cass., 3 juin 1891, S. 92, 1, 257.

doit être double de l'avancement du toit (1). De plus, il faut paver cet espace si le voisin est propriétaire d'un mur sur la limite séparative, afin d'empêcher que les eaux nuisent aux fondements (2).

72. — En principe, le propriétaire du bâtiment est présumé avoir la propriété de la bande de terrain au-dessous de son larmier, sauf preuve contraire par le voisin (3).

D'ailleurs, le maître du bâtiment peut avoir acquis la servitude d'égout.

VIII. — Limitations diverses

73. — Il est interdit à tout propriétaire :

1º De faire des fouilles ou excavations dont l'exécution aurait pour effet d'entraîner la ruine des bâtiments ou plantations du voisin, ou d'y produire des éboulements de terre (4) ;

2º D'envoyer sur le fonds voisin de la poussière ou de la suie en quantité dommageable, ou

(1) Pardessus, 213; Demolombe, XII, 588.

(2) Cass., 13 mars 1827; Daviel, 753.

(3) Cass., 28 juillet 1851; Caen, 28 mai 1867, 9 mai 1889, R. 89, 157.

(4) Cass., 11 mai 1853, 17 novembre 1869, S. 69, 1, 61; Caen, 26 juillet 1876, S. 77, 2, 253.

de lui transmettre de la fumée ou des odeurs fétides dont l'effet serait de rendre une habitation malsaine ou très incommode (1);

3° De laisser pousser des chardons ou autres productions nuisibles dans son champ, et de négliger l'échenillage de ses arbres (2).

74. — Toute personne est entièrement libre d'avoir sur son fonds tels animaux que bon lui semble, à la condition de veiller à ce qu'ils ne causent pas préjudice aux propriétés voisines (3). Ainsi: 1° Celui qui a une garenne répond du dommage causé par les lapins, sans qu'il y ait besoin d'articuler contre lui aucune faute, imprudence ou négligence (4); 2° Le propriétaire d'un bois habité par des lapins ne saurait décli-

(1) Caen, 1er décembre 1837, 2) novembre 1851, R. 52, 7; Cass., 17 juillet 1845, 8 juin 1857, S. 58, 1, 305; Aubry et Rau, § 194, notes 3 et 4; Demolombe, XII, 678.

(2) L. 26 ventose an IV; C. pén., 471, 8°.

(3) C. civ., 524, 1385; L. 28 septembre-6 octobre 1791, tit. II, art. 12; L. 4 avril 1889, art. 1. — Celui qui franchissant une clôture et pénétrant dans un herbage fermé y est attaqué et blessé par un taureau ou autre animal, n'a pas d'action contre le propriétaire (Toullier, XI, 316; Larombière, art. 1385, n° 5: Sourdat, 1454).

(4) Cass., 21 octobre 1880, S. 91, J, 63. — Évidemment celui qui réclame des dommages-intérêts doit prouver le préjudice (Cass., 15 juin 1895, S. 95, 1, 352).

ner la responsabilité des dégâts faits par ces animaux, s'il en a favorisé la multiplication par son fait ou sa négligence (1); 3° Celui qui établit des ruches à miel répond des dommages qu'elles causent aux récoltes (2) ; 4° Il en est de même pour le propriétaire de volailles et pigeons (3); 5° Celui qui possède un bois dans lequel se retirent des animaux nuisibles, tels que sangliers, loups et renards, est responsable de leurs dégâts lorsqu'il les laisse multiplier à l'excès (4).

75. — Celui qui, faute d'avoir levé les vannes de son moulin lors d'une crue de rivière, a occasionné l'inondation de prairies situées en amont, est responsable du préjudice (5).

(1) Cass., 3 décembre 1800, 26 octobre 1891, S. 92, 1, 433; Demolombe, XXXI, 646.

(2) Paris, 29 mars 1879, S. 79, 2, 297.

(3) L. 4 avril 1889, art. 4 et 7.

(4) Tr. Rouen, 23 juin 1858; Cass., 31 mars 1800, S. 60, 1, 473.

(5) L. 28 septembre-6 octobre 1791, art. 15; Caen, 12 février 1891, S. 91, 2, 196 ; Daviel, 999.

DEUXIÈME SECTION

LIMITATIONS DANS L'INTÉRÊT PUBLIC

I. — Établissements insalubres

76. — Les manufactures, usines et ateliers insalubres, dangereux ou incommodes ne peuvent être établis sans une permission de l'autorité (1).

77. — Ces établissements sont divisés en trois classes dont la nomenclature se trouve dans les décrets des 3 mars 1886, 5 mai 1888, 15 mars 1890, 26 janvier 1892, 13 avril 1894.

78. — La première classe comprend les établissements qui doivent être éloignés des habitations particulières. Leur ouverture est précédée d'enquêtes, pendant un mois, dans un rayon de 5 kilomètres (2).

Sont rangés dans la première classe les abattoirs publics, fabriques d'engrais, équarrissages d'animaux, fonderies de suifs.

(1) Décr. 15 octobre 1810.
(2) Décr. 15 octobre 1810, art 3 à 7 ; Ord. 14 janvier 1815, art. 2.

79. — La seconde classe se compose des établissements dont l'éloignement des habitations n'est pas rigoureusement nécessaire, mais dont il importe de ne permettre la formation qu'après avoir acquis la certitude que les opérations qu'on y pratique sont exécutées de manière à n'être ni incommodes, ni dangereuses pour les personnes du voisinage. L'ouverture de ces établissements est précédée, dans la commune, d'une enquête dont la durée est de dix jours (1).

Appartiennent à la deuxième classe les fours à chaux, dépôts de cuirs verts, corroiries, fabriques de briquettes de houille, rouissage en grand du chanvre et du lin, etc.

80. — Dans la troisième classe sont rangés ceux qui peuvent rester, sans inconvénient, auprès des habitations, mais qui doivent être soumis à la surveillance de la police. Pour ouvrir ces établissements, il suffit d'obtenir la permission préfectorale, après avis du maire et de la police locale (2).

Cette troisième classe comprend les brique-

(1) Décr. 15 octobre 1810, art. 7.

(2) Décr. 15 octobre 1810, art. 8 ; Ord. 14 janvier 1815, art. 3. — Les établissements d'éclairage et de chauffage par le gaz sont soumis à des règles spéciales (Décr. 9 février 1807).

teries, distilleries, mégisseries, savonneries, teintureries, scieries mécaniques, etc.

81. — Le placement à demeure des chaudières à vapeur nécessite l'observation de précautions et de distances (1).

82. — Il peut arriver qu'un établissement autorisé ait de graves inconvénients pour la salubrité publique, la culture ou l'intérêt général ; dans ces cas, la suppression doit être ordonnée par l'autorité (2).

83. — D'ailleurs, l'autorisation de construire des ateliers insalubres n'est jamais accordée que sauf les droits des tiers ; en conséquence, l'autorisation ne fait pas obstacle à ce que les particuliers qui éprouvent un préjudice matériel par suite de l'exploitation, demandent et obtiennent des dommages-intérêts (3), alors même qu'ils ne seraient devenus propriétaires que

(1) Décr. 30 avril 1880, art. 11 à 18 ; comp. Cass., 7 mars 1892, S. 92, 1, 271.

(2) Décr. 15 octobre 1810, art. 12 ; Cons. d'État, 13 juillet 1900, S. 00, 2, 135.

(3) Décr. 15 octobre 1810, art. 11 ; Cass., 18 novembre 1884, 3 janvier 1887, S. 87, 1, 253 ; 23 octobre 1894, S. 95, 1, 222 ; Comp. Paris, 19 avril 1893, S. 93, 2, 121.

postérieurement à la fondation de l'établissement (1).

84. — On doit observer que le désagrément causé par un établissement, sujet ou non à autorisation, ne donne pas lieu à une action utile, lorsqu'il n'excède pas les limites nécessaires qu'impose la tolérance réciproque entre voisins (2).

85. — Il en est de même de certaines professions bruyantes, désagréables (serruriers, forgerons, ferblantiers, etc.); l'autorité n'est pas fondée à les parquer dans certains quartiers, ni à les soumettre à l'observation d'une distance par rapport aux habitations bourgeoises (3), mais elle a le droit de prendre des mesures de précaution dans l'intérêt de la généralité des habitants, notamment en prescrivant : 1° De fermer les portes des ateliers donnant sur la voie publique, pendant les travaux bruyants (4); 2° De ne pas travailler la nuit (5).

(1) Rouen, 30 juillet 1853, 8 mars 1855, R. 54, 34; 55, 156.

(2) Cass., 27 novembre 1844, S. 44, 1, 811; comp. Dijon, 10 mars 1865, S. 65, 2, 313.

(3) Cass., 9 janvier 1837, 19 février 1876, S. 76, 1, 336.

(4) Cass., 18 février 1876, S. 77, 1, 183.

(5) Cons. d'État, 30 avril 1875, S. 77, 2, 95.

II. — Mines, Carrières

86. — L'exploitation des mines doit être précédée de l'autorisation du gouvernement qui en a la surveillance (1).

Les puits et galeries des mines ne peuvent être ouverts dans un rayon de 50 mètres des habitations et des terrains compris dans les clôtures murées y attenant (2).

87. — Pour ouvrir une carrière à ciel ouvert, il faut faire une déclaration préalable et écrite à la mairie de la commune (3).

Les bords des fouilles sont établis à une distance longitudinale de 10 mètres au moins des bâtiments publics ou privés, des routes ou chemins, des cours d'eau et des abreuvoirs servant à l'usage public.

L'exploitation de la masse est arrêtée à une distance horizontale réglée à 1 mètre pour chaque mètre d'épaisseur des terres de recouvrement s'il s'agit d'une masse solide, ou à 1 mètre par chaque mètre de profondeur totale de la

(1) L. 21 avril 1810, art. 5 et 17.
(2) L. 21 avril 1810, art. 11.
(3) L. 21 avril 1810, art. 81; comp. Rouen, 20 janv. 1882, R. 82, 98.

fouille, si cette masse, par sa cohésion, est ana-
logue à ses terres de recouvrement.

L'abord de toute carrière située dans un terrain non clos doit être garanti, sur les points
dangereux, par un fossé creusé au pourtour et
dont les déblais sont rejetés du côté des travaux,
ou par tout autre moyen de clôture offrant des
conditions suffisantes de sûreté et de solidité (1).

D'ailleurs, tout déblais dans un terrain nu
rend obligatoire l'établissement d'une clôture
pour avertir les passants et éviter les accidents (2).

88. — Quant aux carrières souterraines, elles
sont soumises à la surveillance de l'Administration des mines (3).

Les excavations ne peuvent être ouvertes ou
poursuivies que jusqu'à une distance horizontale de 10 mètres des bâtiments publics ou privés, routes, chemins, cours d'eau et abreuvoirs

---

(1) Décr. type, 8 février 1892, art. 9 et 10, appliqué à: Eure, 8 février 1892; Manche et Orne, 10 février 1892.—La Seine-Inférieure est
régie par un décret du 15 février 1853, et le Calvados par un décret
du 26 décembre 1855, contenant des règles moins précises que le
décret du 8 février 1892.

(2) Cass., 1er juillet 1878, S. 79, 1, 123.

(3) L. 21 avril 1810, art. 47 à 50 et 82.

publics. Cette distance est augmentée de 1 mètre par chaque mètre de hauteur de l'excavation.

L'abord des orifices des puits verticaux ou inclinés, donnant accès dans les carrières souterraines, doit être garanti par l'agglomération des déblais, et l'élévation de leur plate-forme, sinon par un fossé ou tout autre moyen de clôture suffisant (1).

III. — Restrictions diverses

89. — On ne peut faire au long d'une voie publique quelconque, ni plantations, ni constructions nouvelles, ni travaux confortatifs des constructions existantes, sans avoir préalablement sollicité un alignement (2), du maire pour la petite voirie (3), ou du préfet pour la grande voirie (4).

Toute contravention entraîne une amende et parfois la démolition (5).

90. — Lorsqu'un bâtiment donnant sur la voie publique menace ruine, l'administration a

(1) Décr. 8 février 1852, art. 12 et 13.
(2) L. 21 juillet 1791, art. 29.
(3) L. 16 septembre 1807, art. 52; Cass., 7 juillet 1861.
(4) L. 11 octobre 1790, art. 1.
(5) C. pén., 471, 5°; L. 23 mars 1842, art. 1.

le droit de contraindre le propriétaire à le démolir ou à le réparer suivant le besoin (1).

Si le propriétaire ne défère pas aux injonctions administratives, il est condamné à démolir, et, en outre, à une amende (2).

91. — Celui qui fait des travaux à des bâtiments sur la voie publique, est obligé de prendre les précautions nécessaires pour qu'il n'arrive pas d'accidents aux passants, sinon il en est responsable (3).

92. — Le propriétaire dont l'immeuble a été classé comme monument historique, doit obtenir le consentement du ministère des beaux arts pour réparer, restaurer ou détruire (4).

93. — Nul ne peut élever d'habitation, ni restaurer ou augmenter les habitations existantes, ni creuser de puits à moins de 100 mètres du cimetière placé en dehors de l'agglomération de la commune (5).

(1) L. 5 avril 1884, art. 97.
(2) C. pén., 471, 5°. — Le propriétaire d'un bâtiment est même responsable envers les tiers du dommage causé par sa ruine (C. civ., 1386; Rouen, 19 juillet 1872, S. 72, 2, 119).
(3) Cass., 29 mai 1863, S. 63, 1, 200.
(4) L. 30 mai 1887, art. 4.
(5) Décr. 7 mars 1808, art. 1 et 2.

Les propriétaires voisins de l'emplacement choisi pour l'établissement d'un nouveau cimetière, ne sont pas admis à réclamer des indemnités pour la dépréciation que ce voisinage peut causer (1).

94. — Aucun propriétaire n'a le droit d'arracher ou défricher ses bois qu'après en avoir fait la déclaration à la sous-préfecture au moins quatre mois d'avance, durant lesquels l'administration est fondée à signifier son opposition au défrichement.

En cas de contravention, le propriétaire est condamné à une amende de 500 à 1,500 fr. par hectare défriché, et a rétablir les lieux en nature de bois (2).

95. — Le voisinage des ruches d'abeilles présentant des inconvénients pour les personnes et pour les propriétés, les ruches doivent être placées à distance de la voie publique et des propriétés voisines, conformément aux arrêtés pris par les préfets (3).

(1) Cass., 8 mai 1876, S. 76, 1, 339.
(2) C. for., 219, 221 ; déc. 22 novembre 1859; comp. Cass., 6 novembre 1885, S. 86, 1, 41.
(3) L. 4 avril 1889, art. 8. — Dans le Calvados, la distance à

96. — Autour de toute source d'eau minérale déclarée d'utilité publique, il existe un rayon de protection dans l'étendue duquel il est défendu de faire des fouilles, ou sondages ou excavations, sans autorisation préalable (1).

97. — L'administration municipale étant chargée de veiller à la sûreté et à la commodité du passage dans les rues et voies publiques, a le droit de prescrire tout ce qui lui parait utile pour obtenir ce résultat (2).

98. — Toute construction nouvelle dans une rue pourvue d'égouts, est nécessairement disposée de manière à y conduire ses eaux pluviales et ménagères. La même disposition doit être prise pour toute maison ancienne, en cas de grosses réparations (3).

99. — Dans les agglomérations urbaines, l'autorité municipale a le droit de prescrire aux propriétaires de terrains riverains des voies publiques, l'établissement de clôtures suffisantes

observer est de 10 mètres; il faut, en outre, une clôture séparative haute de 2 mètres (arr. 19 avril 1890).

(1) L. 14 juillet 1856, art. 1 à 3.

(2) L. 5 avril 1884, art. 97.

(3) Décr. 26 mars 1852, art. 6 ; Cass., 16 juin 1888, S. 89, 1, 961 (Ville du Havre).

pour en défendre l'accès dans l'intérêt de la sécurité publique (1).

100. — Le maire peut enjoindre à tout propriétaire ou usufruitier, d'exécuter les travaux jugés nécessaires à la salubrité des habitations (2).

101. — Il appartient aux maires, dans leurs communes, et aux préfets (3) de réglementer annuellement le rouissage du chanvre et du lin dans les cours d'eau, notamment de déterminer la durée des opérations et les emplacements où elles présentent le moins d'inconvénients.

101. — Il est interdit d'élever des constructions, sans l'autorisation du ministre de la marine, dans l'étendue du champ de vue des postes électro-sémaphoriques (4).

102. — Un propriétaire ne peut chasser sur son fonds si la chasse n'est pas ouverte, et s'il ne lui a pas été délivré un permis de chasse par l'autorité compétente. Toutefois, le propriétaire a le droit de chasser ou faire chasser en tout

(1) Cons. d'État, 21 décembre 1886, S. 88, 3, 19.

(2) L. 13 avril 1850, art. 7.

(3) Décr. 10 août 1875, art. 19 et 23).

(1) L. 18 juillet 1895.

temps, sans permis de chasse, dans ses possessions attenant à une habitation et entourées d'une clôture continue faisant obstacle à toute communication avec les héritages voisins (1).

103. — Dans les cours d'eau non navigables ni flottables, les propriétaires riverains ont, chacun de son côté, le droit de pêcher jusqu'au milieu du cours d'eau, à la charge de se conformer aux règlements sur la matière (2).

104. — Les propriétaires d'étangs ou canaux privés peuvent y pêcher comme bon leur semble (3).

105. — En vertu d'un arrêté préfectoral, l'administration ou les entrepreneurs ont le droit d'occuper temporairement des terrains nus pour en extraire des matériaux, faire des

(1) L. 3 mai 1844, art. 1 et 2.

(2) L. 15 avril 1829, 31 mai 1865.

(3) Dans le silence du bail, le preneur ne jouit pas, sur les biens affermés, du droit de chasse que le propriétaire conserve la faculté d'exercer lui-même ou de céder à des tiers (Rouen, 22 mars 1861, S. 61, 2, 406; Caen, 6 décembre 1871, S. 72, 2, 198; D. 72, 5, 68; Cass., 5 avril 1866, S. 66, 1, 112; D. 66, 1, 111; Aubry et Rau, § 305, note 2).

Le droit de pêche n'est pas compris dans la location de la propriété (Rouen, 13 juin 1844, 7 décembre 1878, S. 79, 2, 81).

Le colon partiaire n'a ni la chasse ni la pêche (L. 18 juillet 1889).

dépôts ou pour tout autre objet relatif à des travaux publics, civils ou militaires, à charge d'indemnité réglée par le Conseil de Préfecture (1).

106. — Non seulement l'intérêt général peut réclamer des restrictions à l'exercice du droit de propriété, mais encore exiger la cession de la propriété même des terrains nécessaires à l'exécution de travaux publics, tels que chemins de fer, routes, canaux, etc. (2).

Le propriétaire n'est tenu de céder son immeuble que pour une cause d'utilité publique légalement constatée, et moyennant une indemnité réglée à l'amiable ou par un jury, et payable préalablement à la dépossession, sauf en cas d'emprise d'un terrain nu pour simple élargissement d'un chemin vicinal (3).

(1) L. 22 juillet 1889, 29 décembre 1892.

(2) C. civ., 545; L. 30 mars 1831, 3 mai 1841, 26 mars 1852, 8 juin 1864, 10 août 1871.

3) L. 3 mai 1841, art. 53; L. 21 mai 1836, art. 18.

TROISIÈME SECTION

OBLIGATIONS MUTUELLES DES VOISINS

I. — Bornage

107. — Tout propriétaire d'un fonds de terre peut contraindre son voisin à procéder au bornage de leurs héritages contigus (1).

108. — Le bornage est une opération contradictoire ayant pour but de déterminer d'une manière certaine, les limites de deux propriétés riveraines, et de prévenir les empiétements au moyen de la plantation de pierres, bornes ou autres signes de délimitation (2).

109. — L'action en bornage est de la compétence du juge de paix lorsque la propriété ou les titres qui l'établissent ne sont pas contestés (3); dans le cas contraire, l'action est portée devant le tribunal civil (4).

---

(1) C. civ., 646; Cass., 4 mars 1879, S. 79, 1, 297.

(2) En Normandie, les bornes sont appelées devises ou meres.

(3). L. 25 mai 1838, art. 6, 2°.

(4) Cass., 25 juin 1879, 18 juin 1884, 4 février 1885, S. 87, 1, 8 et 179; Huc, IV, 301.

110. — Le droit de demander le bornage est réciproque entre voisins, pour les propriétés rurales situées à la campagne ou à la ville ; il n'y a d'exception qu'à l'égard des fonds limités par des bâtiments qui se touchent (1).

111. — Quand la ligne séparative est certaine et reconnue, le bornage constitue un acte d'administration rentrant dans les pouvoirs du mari et du tuteur, sans autorisation spéciale (2).

112. — L'usufruitier peut aussi procéder au bornage sans le concours du propriétaire, bien qu'il soit préférable de l'appeler à l'opération pour qu'elle lui reste opposable (3).

À l'égard du fermier, il ne sera jamais admis à faire un abornement sans mandat spécial du propriétaire (4).

113. — Lorsque les propriétaires sont d'accord et maîtres de leurs droits, ils peuvent évi-

(1) Cass., 4 mars 1879, S. 79, 1, 297; Pardessus, 117; Laurent,VII, 418; Curasson, II, 431.

(2) Rouen, 6 novembre 1835, 19 février 1839), S. 84, 1, 319: Demolombe, IX. 299); Mongis, 43.

(3) Bordeaux, 23 juin 1836, S. 37, 2, 37; Aubry et Rau, § 199, note 16; Guilbon, 816; Bourguignat, 130.

(4) Demolombe, XI, 258; Selon, 59; Laurent, VII, 424; Huc, IV, 392.

demment faire eux-mêmes à l'amiable le bornage
de leurs fonds, ou choisir, à cet effet, des experts
dont les pouvoirs sont déterminés par l'acte qui
les nomme. Il arrive même assez souvent que
les experts sont constitués arbitres et chargés de
prononcer sur les difficultés qui se rattachent à
l'opération du bornage (1).

114. — Le bornage amiable se constate par
un procès-verbal, dressé en double (2), contenant la désignation des héritages, la nature et
l'emplacement des bornes; il est bon de dresser
un plan dans le corps du procès-verbal (3).

115. — A défaut par les intéressés de s'entendre, le bornage est fait en justice, soit par
des experts que le juge nomme, soit par le juge
lui-même.

Pour sa décision, le juge doit interroger les
titres, la possession, les anciennes traces de délimitation, le cadastre, les plans, tous les documents enfin que les parties ont pu lui remettre.

116. — Les passages, sentiers et chemins

(1) Demolombe, XI, 272; Mongis, 17.

(2) C. civ., 1325.

(3) Le procès-verbal de bornage est soumis au droit d'enregistre-
ment de 3 fr. 75.

non publics sont compris dans les fonds à
aborner: s'ils traversent un héritage, ils lui appartiennent en entier; s'ils le bordent seulement,
on en donne la moitié, sauf titre ou droit contraire.

Quant aux chemins publics, ruraux comme
vicinaux, ils ne sont jamais compris dans le
mesurage.

On laisse aussi en dehors du mesurage le lit
des rivières non navigables ni flottables et
même celui des ruisseaux.

Les rideaux, tertres, talus, aris, font partie
des héritages à borner, mais on ne s'accorde
guère sur la manière de les attribuer; les uns
veulent qu'ils appartiennent au fonds supérieur,
les autres à l'inférieur, on a aussi proposé de
les partager par moitié; tout ceci est arbitraire;
il faut suivre l'usage local (1).

117. — Le bornage peut avoir pour résultat

(1) Bien que le système métrique existe depuis un siècle, les normands n'ont pas encore oublié leurs anciennes mesures agraires:
l'acre, la vergée, la perche. L'acre la plus usitée valait 81 ares 71
centiares; la vergée formait le quart de l'acre ou 20 ares 43 centiares; la perche — 10)ᵉ partie de l'acre — était de 51 centiares.
Dans la plaine de Caen, l'unique mesure agraire connue est la
perche de 21 pieds ou 60 centiares 78.

d'opérer des restitutions de la part de l'un des propriétaires a i profit de l'autre, lorsque les quantités indiquées dans les titres respectifs ne sont pas conformes à la totalité des terrains soumis au bornage (1).

118. — Il est quelquefois nécessaire d'étendre les opérations de bornage jusqu'aux arrière-voisins, qui sont mis en cause, soit d'office par le juge, soit sur la demande de l'une des parties (2).

119. — Après constatation des limites, elles sont déterminées par des pierres ou bornes de même grain, enfoncées dans le sol, et assistées de garants ou témoins qui sont des morceaux de brique, verre, charbon, coquillage au autre substance.

Un plan et un procès-verbal précisant la distance entre chaque borne, rendent le déplacement facile à reconnaître.

120. — Le bornage a lieu aux frais communs entre les divers propriétaires (3); mais, les frais

---

(1) Cass., 2 mai 1866, S. 68, 1, 89.

(2) Cass., 29 juin 1855, 9 novembre 1857, S. 58, 1, 229; Laurent, VII, 125.

(3) C. civ., 646; Pardessus, 121.

devraient être repartis proportionnellement s'il y
avait de grandes différences dans la contenance
respective des fonds (1).

Quant aux frais des procès qui peuvent s'élever à l'occasion du bornage, ils sont supportés
par la partie qui succombe (2).

Notamment les frais de l'instance judiciaire
en bornage restent à la charge de celui qui a
refusé de faire l'opération à l'amiable (3).

121. — Une fois accompli, soit d'un commun
accord, soit en vertu d'une décision judiciaire,
le bornage devient un titre réciproque entre les
parties, des limites assignées à chacun (4).

122. — Si les bornes plantées venaient à disparaître, ou à être déplacées, chacun des intéressés pourrait demander qu'il en fut placé de
nouvelles, d'après les bases et suivant les indications du procès-verbal de bornage (5).

Le déplacement de bornes constitue un délit
puni d'un emprisonnement d'un mois à un an;
la peine peut s'élever à cinq ans contre tout in-

(1) Demolombe, XI, 276; Guilbon, 856; Jay, 249.
(2) C. pr, 130; Laurent VII, 435; Morin 100.
(3) Demolombe XI, 277; Huc, IV, 307.
(4) Cass., 5 mars 1855, S. 55, 1, 731; Huc, IV, 308.
(5) Cass., 11 août 1851, S. 52, 1, 645.

dividu qui, pour commettre un vol, a enlevé ou tenté d'enlever des bornes (1).

123. — Le bornage entre les forêts de l'Etat et les propriétés riveraines est soumis à des règles spéciales résultant de l'ordonnance du 1er août 1827.

Les choses du domaine public sont délimitées par l'autorité administrative seule.

II. — Clôture forcée

124. — Dans les villes et faubourgs, chacun peut contraindre son voisin à contribuer aux constructions et réparations de la clôture faisant séparation de leurs maisons, cours et jardins contigus. La hauteur de la clôture sera fixée suivant les règlements particuliers ou les usages constants et reconnus, et, à défaut d'usages et de règlements, tout mur (2) de séparation entre voisins qui sera construit ou rétabli, doit avoir au moins 32 décimètres (10 pieds) de hauteur, compris le chaperon, dans les villes de

(1) C. pén., 389, 456.

(2) Un mur est composé de trois parties : fondation, pied ou patin ; corps du mur ; chaperon ou couverture.

50,000 habitants et au-dessus, et 26 décimètres
(8 pieds) dans les autres (1).

125. — A défaut d'acte administratif ran-
geant une commune parmi les villes, il appartient aux tribunaux de résoudre la difficulté
d'après les circonstances locales, comme aussi
de déterminer jusqu'où s'étend un faubourg (2).

On peut considérer comme villes les communes ayant une agglomération de 2,000 habitants (3), et celles pourvues d'un octroi ou d'un
plan d'alignement (4).

126. — Quelques maisons isolées et sans
continuité ne font pas partie des faubourgs, encore qu'elles se trouvent dans les limites de l'octroi (5), ni à plus forte raison des jardins faisant
partie d'un groupe isolé d'autres jardins (6), et

(1) C. civ., 663.

(2) Cass., 11 août 1886, S. 87, 1, 168; Aubry et Rau, § 200, notes
3 et 4; Demolombe, XI, 380; comp. Nancy, 12 novembre 1842, S. 93,
2, 119; — *Contrà*, Pardessus, 117; Duranton, V, 319, disant que
l'autorité administrative doit statuer.

(3) Circ. min. 17 août 1813, 25 octobre 1827.

(4) Neufchâtel, 26 décembre 1883 (ville d'Aumale); Tr. Rouen, 27
mars 1884 (ville de Sotteville), R. 84, 307, 210.

(5) Tr. Caen, 10 juin 1847, R. 47, 342.

(6) Caen, 9 juin 1829, R. 70, 43.

ne contenant pas de constructions durables destinées à l'habitation humaine (1).

127. — Les voisins peuvent-ils convenir : de faire un mur séparatif d'une hauteur autre que celle prescrite par la loi, de faire une clôture en planches, de ne faire aucune clôture ? On dit d'une part que la règle légale est établie uniquement dans l'intérêt privé du voisinage, de sorte que les voisins sont libres de faire telle convention qu'ils jugent à propos (2); d'autre part, on répond que la loi a voulu pourvoir à la sécurité des personnes comme des propriétés et que, par suite, tout arrangement ayant pour but d'y déroger est frappé de nullité absolue (3). C'est là, croyons nous, la vraie solution.

128. — Le propriétaire sommé par son voisin de contribuer à la construction d'un mur de clôture peut s'affranchir de cette obligation en abandonnant la moitié du terrain sur lequel ce mur doit être assis ; de même, le voisin, mis en

(1) Rouen, 15 février 1890, R. 90, 50; comp. Cons. d'État 16 février 1891, S. 96, 3, 27.

(2) Caen, 29 juillet 1821; Rouen, 24 février 1844; Aubry et Rau, § 200, note 5; Toullier, III, 162.

(3) Caen, 11 juin 1859, R. 59, 193; Solon, 210; Demolombe, XI, 378; Laurent, VII, 493; Baudry-Lacantinerie, I, 1190; Huc, IV, 348.

demeure de réparer le mur de clôture forcée, a le droit d'abandonner la mitoyenneté du mur et du sol pour se dispenser de contribuer aux dépenses (1). Mais une autre opinion, qui nous parait préférable, décide que chacun des voisins est tenu, lorsque l'autre le demande, de construire un mur de clôture ou de réparer le mur existant, et qu'il ne peut s'en dispenser par un abandon de sol ou de mitoyenneté (2).

129. — Celui qui a construit un mur de clôture sur son terrain et à ses frais, ne serait pas fondé à réclamer du voisin le remboursement de la moitié de sa valeur et du sol (3).

130. — Pour la nature des matériaux qui doivent être employés à la construction du mur,

(1) C. civ., 656; Cass., 7 novembre 1864, 7 janvier 1874, 25 juillet 1882, S. 84, 1, 79; Bordeaux, 3 mars 1873; Orléans, 24 mai 1873, S. 74, 2, 171; Carou, 102; Marcadé, art. 663, n° 2.

(2) C. civ., 663; Caen, 7 février 1825, 11 juin 1829, R. 50, 133; Amiens, 12 décembre 1864, S. 62, 231; Pardessus, 119; Duranton, V, 319; Demante, II, 517 *bis*; Taulier, II, 304; Demolombe, XI, 379; Baudry-Lacantinerie, I, 1499.

(3) Cass., 25 juillet 1882, S. 84, 1, 79 ; Paris, 15 juillet 1864; Aubry et Rau, § 299, note 7; Laurent, VII, 397; — *Contra*, Pardessus, 152; Demolombe, XI, 396.

2*

comme pour son épaisseur, la loi s'en remet à l'usage local (1).

131. — Il est certain d'ailleurs qu'un mur en pierre sèches, ni a plus forte raison une haie ou une palissade ne rempliraient pas le vœu du législateur (2).

132. — La hauteur fixée par le texte n'est à observer qu'à défaut de règlements particuliers locaux (3).

En cas de différence de niveau entre les deux héritages, la hauteur légale se mesure à partir du niveau le plus élevé; les frais du mur entier seront communs (4), toutefois ceux de la partie inférieure resteraient à la charge du voisin qui par des travaux sur son fonds aurait rendu nécessaire la construction d'un mur de soutènement (5).

(1) La plupart des murs sont construits en pierre, chaux et sable; d'autres en bauge, quelques-uns en briques; leur épaisseur de 9 à 18 pouces (25 à 50 centimètres) selon la qualité des matériaux.

(2) Amiens, 15 août 1838, S. 39, 2, 157; Pardessus, 119; Demolombe, XI, 381; Aubry et Rau, § 200, note 8; Laurent, VII, 500.

(3) En Normandie on observe généralement la hauteur déterminée par le Code : Usages (Seine-Inférieure), 186; Usages (Eure), 19; Usages (Orne), p. 45.

(4) Caen, 13 mai 1837, R. 37, 300; Bordeaux, 3 mars 1873, S. 73, 2, 203; Demolombe, XI, 381.

(5) Aubry et Rau, § 200, note 11; Demolombe, XI, 381 *bis.*

133. — Les chemins de fer doivent être clos des deux côté, sur toute l'étendue de la voie (1), par une clôture simplement délimitative, et non dans l'intérêt des riverains, comme obstacle à la force des animaux ; en conséquence, une Compagnie de chemin de fer ne saurait être déclarée responsable de la mort de l'animal qui s'est introduit par une brèche sur la voie (2).

Mais, la clôture dans l'intérêt des voisins deviendrait obligatoire pour la Compagnie, surtout dans les pays d'herbages, si elle avait été prévue et promise au moment de l'expropriation, par un traité amiable ou devant le jury (3).

Par exception, le ministre des travaux publics peut, sur tout ou partie des chemins de fer d'intérêt général ou d'intérêt local, dispenser de poser des clôtures le long des voies ferrées et des barrières à la traverse des routes de terre (4), mais, cette dispense est accordée aux risques et

(1) L. 15 juillet 1845, art. 4; Comp. Cons. d'État, 9 Mars 1894, S. 96, 3, 38.

(2) Cons. d'État, 18 août 1869, S. 70, 2, 302; Cass., 2 août 1882, S. 83, 1, 129; Tr. Rouen, 23 juin 1878; Tr. Caen, 25 mai 1896, 23 février 1887, 8 août 1887, R. 88, 45.

(3) Caen, 25 mai 1886, 8 août 1887, précités.

(4) L. 27 décembre 1880, art. 1.

périls de la Compagnie, et ne saurait avoir pour
effet d'affranchir la Compagnie des précautions
à prendre dans le but de prévenir toute conséquence fâcheuse (1).

(1) Cass., 11 novembre 1891, S. 92, 1, 91.

CHAPITRE DEUXIÈME

COPROPRIÉTÉ

134. — La copropriété est la possession indivise de plusieurs personnes sur une seule et même chose qui n'appartient ainsi à chacune d'elles que pour une quote-part.

Quand la copropriété porte sur des choses affectées comme accessoires à l'usage de plusieurs héritages, telles que allées, cours, puits, abreuvoirs, elle prend le nom de communauté.

Si la copropriété s'applique aux murs, haies et fossés servant de séparation entre deux héritages, on la désigne plus spécialement sous le nom de mitoyenneté.

135. — L'un des communistes ne peut acquérir par prescription le droit de son communiste et la propriété de la chose commune, que par une possession exclusive des plus caractérisées pendant tout le temps, 30 ans, exigé par la loi (1).

(1) Cass., 25 avril 1855, 3 avril 1855, S. 55, 1, 456; Caen, 25 juin 1855, 16 juin 1881, R. 82, 35.

D'un autre côté, celui qui néglige de contribuer aux réparations de la chose commune, n'abandonne pas pour cela seul son droit de copropriété; il faut une renonciation expresse.

PREMIÈRE SECTION

COMMUNAUTÉ

136. — La copropriété des cours, allées, ruelles, passages, fosses d'aisances, puits, destinés au service de plusieurs maisons particulières, leur imprime un caractère d'indivision forcée qui s'oppose à ce qu'on puisse en provoquer le partage (1).

Il en est de même pour les avenues, sentiers, abreuvoirs, pressoirs, affectés à l'exploitation de divers fonds (2).

137. — Le droit qui compète à chacun des communistes s'exerce non à titre de servitude, mais à titre de copropriété (3).

Chacun d'eux peut donc user de la totalité de la chose commune et de ses diverses parties

---

(1) Cass., 10 janvier 1812, S. 12, 1, 311; Aubry et Rau, § 221 *ter*.

(2) Cass., 20 février 1855, S. 66, 1, 193.

(3) Caen, 23 août 1813, R. 13, 153; Demolombe, XI, 115.

comme d'une chose à lui appartenant, sous la condition toutefois de ne porter aucune atteinte au droit égal et réciproque de ses consorts (1).

138. — La destination précise de la chose commune se détermine par la convention ; à défaut de convention par sa nature même et par l'usage auquel elle a été, de fait, affectée (2), et pour les besoins des héritages dans l'intérêt desquels elle est restée indivise (3).

D'ailleurs, un copropriétaire est incapable de grever le fonds commun d'une servitude au profit d'un autre fonds dont il est propriétaire exclusif (4).

139. — A défaut de convention contraire, chacun des copropriétaires doit supporter dans la proportion de son intérêt, les charges de la chose commune (5). Sauf à s'affranchir de cette

(1) Cass., 31 mars 1851; Caen, 21 décembre 1812, S. 51, 1, 104; Rouen, 23 décembre 1878, R. 79, 217; Aubry et Rau, § 221 ter, note 9.

(2) Comp. C. civ., 1850; Caen, 1er août 1879, R. 79, 295; Demolombe, XI, 145.

(3) Bourges, 13 novembre 1838.

(4) Caen, 21 novembre 1851, 2 mars 1857, R. 57, 65.

(5) Arg. C. civ., 604; Cass., 2 février 1825; Lyon, 5 février 1834, Demolombe, XI, 148; Aubry et Rau, § 221 ter, note 18; Caen, 4 novembre 1888, S. 92, 2, 105.

76   COPROPRIÉTÉ

obligation par l'abandon de son droit de copropriété (1).

I. — Cour

140. — L'indivision d'une cour commune
n'est forcée qu'autant que le partage qui en serait fait ne laisserait pas à chacune des maisons
au service desquelles elle est affectée, une cour
séparée suffisante pour son usage (2).

141. — Le copropriétaire d'une cour commune a le droit d'exhausser comme bon lui
semble ses bâtiments donnant sur cette cour et
d'y pratiquer toute espèce de portes ou de fenêtres, sans avoir à observer aucune distance (3).

Pareillement, il est fondé à établir un débit de
boissons dans les bâtiments qui s'accèdent par
cette cour (4).

De même, il est autorisé à déverser dans la
cour commune les eaux pluviales de ses bâtiments, et même les eaux ménagères, en tant

(1) Arg. C. civ., 676; Demolombe, XI, 119; Pardessus, 192.

(2) Cass., 21 octobre 1889, S. 90, 1, 308; Demolombe, XI, 111;
Pardessus, 191; Duranton, V, 119; Aubry et Rau, § 221 *ter*, note 1.

(3) Cass., 10 novembre 1815, S. 15, 1, 187; Caen, 27 janvier 1859,
3 juin 1870, R. 50, 282; Rouen, 11 avril 1863, R. 63, 329.

(4) Caen, 29 juin 1854, R. 54, 29).

que la distribution des lieux le permet (1), et
que les dispositions usitées en pareil cas ont été
prises pour empêcher la stagnation des eaux (2).

142. — Tous les copropriétaires de la cour
commune peuvent : 1° placer de chaque côté de
la porte d'entrée des plaques-enseignes, indi-
quant leur profession (3); 2° faire des dépôts
momentanés de marchandises, ustensiles ou pro-
visions dans la cour (4).

143. — D'un autre côté, le copropriétaire de la
cour ne serait pas en droit : 1° D'y établir un dépôt
permanent de matériaux, de fumiers, etc. (5);
2° De déposer des terres ou des fleurs, ni placer
des bâtons pour étendre du linge, ni établir un
tuyau de cheminée (6); 3° De placer un baquet
pour recevoir les eaux, surtout d'une dalle située sur sa propriété personnelle (7).

144. — Il est permis aux divers propriétaires

(1) Caen, 23 avril 1847, S. 48, 2, 39).
(2) Caen, 15 novembre 1872, R. 73, 65.
(3) Caen, 19 avril 1895, S. 87, 2, 221; comp. Rouen, 14 janvier
1843, S. 43, 2, 519.
(4) Caen, 8 novembre 1849, R. 49, 509.
(5) Caen, 21 novembre 1856, S. 57, 2, 304.
(6) Caen, 2) décembre 1851, R. 55, 73.
(7) Caen, 23 avril 1847, R. 47, 351.

de demander que la cour donnant sur une voie
publique soit fermée pendant la nuit, et une clef
de la porte remise à chacun des intéressés (1).

II. — Cabinets d'aisances

145. — Dans les cours, il existe souvent des
cabinets d'aisances qui sont communs entre plusieurs propriétaires et doivent être entretenus
comme tels (2).

146. — Chacun des communistes a la faculté
d'abandonner son droit à la fosse commune, en
bon état, mais il ne saurait le faire quand cette
fosse a besoin de réparation ou de ́ curage,
qu'après avoir contribué à la dépense devenue
nécessaire (3).

147. — Le copropriétaire d'une fosse d'aisance ordinaire peut la transformer en lieux à
l'anglaise avec cuvette et réservoir d'eau, mais
à la charge par lui d'indemniser ses coproprié-

(1) Cout. Norm., 621; Caen, 12 juin 1876, R. 76, 130, 12 juillet
1881, R. 85, 14. — D'après un arrêt du Parlement du 21 mars 1738,
la porte de la cour ou allée commune doit être fermée à 9 heures
du soir en hiver et à 10 heures en été.

(2) Le curement des fosses d'aisances, n'est pas à la charge du
locataire (C. civ., 1056).

(3) Pothier, 229; Daviel, 871.

taires de l'augmentation de frais que cause la
nécessité plus fréquente de la vidange (1).

III. — Ruelle ou Allée

148. — La copropriété d'une ruelle séparant
deux héritages, donne à chacun des communistes
la faculté de pratiquer des vues droites dans les
bâtiments longeant cette ruelle, lorqu'elle n'a
pas reçu une destination spéciale et restreinte
qui s'oppose à l'établissement de pareilles ouvertures, et à supposer d'ailleurs qu'elle ait au
moins deux mètres de large (2).

Si la ruelle n'avait pas deux mètres de largeur, les communistes ne pourraient ouvrir des
vues droites dans les bâtiments qui la bordent,
qu'autant qu'il ressortirait des circonstances, et
notamment de l'existence d'anciennes fenêtres,
que les ouvertures rentrent dans la destination à
laquelle la ruelle a été affectée (3).

(1) Caen, 21 novembre 1800, R. 00. 331.

(2) Cass., 31 mars 1851, S. 51, 1, 401; Caen, 21 août 1852, 18 mai
1858, R. 58, 323; Aubry et Rau, § 221 ter, note 15. — Selon Pardessus, 205, on ne pourrait avoir des vues droites sur la ruelle qu'en
laissant 2 mètres entre le bâtiment où elles seraient pratiquées et le
milieu de la ruelle.

(3) Agen, 21 juin 1867, S. 68, 2, 189; Aubry et Rau, § 221 ter,

149. — C'est également par l'usage auquel la ruelle a servi que se résout la question de savoir si les communistes sont ou non autorisés a y déverser leurs eaux pluviales ou ménagères (1), ou à établir des canaux souterrains pour transmettre ces eaux sur la voie publique (2).

150. — La ruelle commune doit rester à air libre, de sorte que l'un des communistes ne pourrait, sans le consentement des autres, la couvrir de constructions dans la partie dont il posséderait les deux côtés (3).

IV. — Chemins et Sentiers

151. — Les chemins et sentiers d'exploitation sont ceux qui servent uniquement à la communication entre divers héritages ou à leur exploitation (4). En Normandie ces voies d'exploitation

note 15. Comp. Demolombe XII, 565; Cass., 4 février 1889, S. 91, 1, 161.

(1) Bordeaux, 29 juillet 1858, S. 59, 2, 359; Aubry et Rau, § 221 ter, note 16.

(2) Caen, 26 février 1862, R. 62, 79.

(3) Caen, 19 mai 1841, R. 41, 254.

(4) L. 29 août 1881, art. 34; comp. Caen, 16 mars 1838, 23 novembre 1816, R. 46, 32.

sont connues sous le nom de sentes pour le voisiné (1).

En l'absence de titres, ces chemins et sentiers sont présumés appartenir aux propriétaires riverains, chacun en droit soi, mais l'usage en est commun à tous les intéressés, au nombre desquels il faut placer le propriétaire du fonds auquel aboutit et finit le chemin (2) ; d'ailleurs, cet usage peut être interdit au public (3).

La présomption de copropriété ne peut céder que devant une preuve contraire suffisante pour la faire tomber (4).

152. — En Normandie, le droit d'user d'une sente de voisiné a toujours été considéré comme étant une copropriété entre les voisins (5).

153. — Tous les propriétaires dont les chemins et sentiers d'exploitation desservent les héritages, sont tenus, les uns envers les autres, de contribuer, dans la proportion de leur intérêt (6), aux

(1) Cout. norm., 83.
(2) Rouen, 7 mars 1890 et Cass , 14 avril 1891, S. 91, 1, 242.
(3) L. 20 août 1881, art. 31.
(4) Cass., 7 décembre 1802, 16 janvier 1805, S. 95, 1, 221.
(5) Caen, 11 février 1855; Rouen, 7 février 1861, R. 61, 195.
(6) Comp. Cass., 10 juin 1890, S. 91, 1, 253; Caen, 25 août 1883, R. 84, 63.

3

travaux nécessaires à leur entretien et à leur viabilité, mais ils ont la faculté de s'en affranchir en renonçant à leurs droits, soit d'usage, soit de propriété (1).

154. — On ne peut supprimer les chemins et sentiers d'exploitation que du consentement de tous les propriétaires qui ont le droit de s'en servir (2).

155. — Les copropriétaires d'un chemin d'exploitation ont le droit de construire en bordure du chemin, avec ouvertures de portes et fenêtres d'aspect, pourvu que la voie ait une largeur de 19 décimètres (3).

V. — Maison

156. — Nous avons dans plusieurs villes des maisons dont les divers étages appartiennent à des personnes différentes (4), tandis que certaines parties, comme les gros murs et le toit restent communs, ainsi que les ac-

(1) L. 20 août 1881, art. 34 et 37.
(2) Même loi, art. 35.
(3) Cass., 25 juin 1805, S. 05, 1, 317.
(4) Basnage, II, 500; Flaust, II, 889.

cessoires tels que cour, fosse d'aisance, puits, etc. (1).

157. — Avant tout, pour déterminer les droits et les obligations des propriétaires, il faut consulter les titres qui font la loi commune (2).

En l'absence de titres concernant la propriété du sol de la maison il est réputé commun (3).

158. — Si les titres de propriété ne règlent pas le mode de réparations et reconstructions, elles doivent être faites ainsi qu'il suit : les gros murs et le toit (4) sont à la charge de tous; le propriétaire de chaque étage fait le plancher sur lequel il marche; le propriétaire du premier étage fait l'escalier qui y conduit; le propriétaire du second étage fait, à partir du premier, l'escalier qui conduit chez lui, et ainsi de suite (5).

159. — Les charges communes aux divers propriétaires comprennent l'impôt foncier et celui de la porte d'entrée servant à l'usage de tous (6).

(1) Cass., 8 décembre 1825; Aubry et Rau, § 221 *ter*, note 23.

(2) Cass., 9 mai 1819.

(3) Cass., 22 août 1860, S. 61, 1, 81.

(4) Comp. Grenoble, 26 janvier 1892, S. 92, 2, 196.

(5) C. civ., 664.

(6) Pardessus, 193; Duranton, V. 346; Aubry et Rau, § 221 *ter*, note 25.

160. — Chacun des propriéta'res contribue aux charges communes dans la proportion de la valeur de l'étage lui appartenant (1).

Il faut ranger parmi les charges particulières l'impôt des fenêtres qui sont à chaque étage (2).

161. — Dans son étage et sur les parties en dépendant, chaque propriétaire est libre de faire tous les changements qu'il juge convenable, pourvu qu'ils ne nuisent pas à la solidité de la maison et ne causent aucun tort aux autres propriétaires (3).

162. — En principe, le propriétaire de l'étage le plus élevé ne saurait être autorisé à l'exhausser (4); toutefois, un exhaussement a été permis après expertise constatant qu'il n'en résulterait aucun dommage (5); cela nous semble contraire à l'équité, car la surcharge est toujours nuisible.

163. — Le propriétaire du rez-de-chaussée

(1) C. civ., 664; Demolombe, XI, 429; Toullier, II, 223.

(2) Aubry et Rau, § 221 *ter*, note 28; Demolombe XI, 430.

(3) Cass., 15 février 1843, S. 43, 1, 351; Caen, 31 mai 1877, 25 février 1885, R. 85, 119; Demolombe XI, 436.

(4) Bordeaux, 17 mars 1863, S. 63, 2, 216; Grenoble, 10 novembre 1862, S. 63, 2, 207; Demolombe, XI, 437.

(5) Rouen, 22 mai 1840, S. 40, 2, 517; Aubry et Rau, § 221 *ter*, note 31.

ne pourrait y établir une chaudière à vapeur (1); on lui reconnaît le droit de transformer une cave ou un magasin en écurie, sans fumière (2).

164. — Si la maison est détruite, n'importe pour quelle cause, les propriétaires des différents étages ne peuvent être tenus de reconstruire; à défaut d'entente, la seule solution est la vente par licitation du sol et des matériaux (3).

165. — En cas d'alignement, si la maison est sujette à recul, l'indemnité doit se partager entre les divers propriétaires, proportionnellement à la valeur des étages de chacun (4); de même si l'alignement délaisse une portion de la voie publique, le droit de préemption appartiendra aux propriétaires des différents étages, encore que le sol de la rue soit exhaussé (5).

166. — Sous la coutume de Normandie chacun devait réparer ce qui était au-dessus de lui,

(1) Caen, 25 novembre 1848, 19 février 1849, R. 49, 63.

(2) Caen, 16 février 1854, R. 54, 90.

(3) Demolombe, XI, 49); Aubry et Rau, § 221 *ter*, ; comp. Caen, 16 novembre 1838, R. 38, 637.

(4) Nimes, 4 février 1840, S. 40, 2, 505; Aubry et Rau, § 221 *ter*, note 31.

(5) Cass., 22 novembre 1830, S, 61, 1, 81; Caen, 23 novembre 1849, R. 48, 203.

de sorte que le toit se trouvait à la charge du propriétaire de l'étage le plus élevé (1). Par suite, pour une maison partagée avant le Code, le propriétaire du grenier peut s'affranchir de l'obligation de faire et d'entretenir la couverture en abandonnant la propriété du grenier; mais cet abandon ne produit effet que pour l'avenir; par conséquent, le propriétaire doit avant tout mettre la couverture en bon état (2).

VI. — Pressoir

167. — Lorsque, dans un acte de partage, un pressoir a été laissé dans l'indivision et son usage déclaré commun entre les copartageants, il y a lieu de rechercher, d'après le titre, quelle est l'étendue de la mitoyenneté et les conditions d'exercice du droit de chacun des intéressés.

168. — Si le mot pressoir est employé sans autre explication, la copropriété comprend aussi bien le bâtiment que les ustensiles (3) et alors toutes les réparations sont communes.

Au contraire, quand il est dit que le pressoir

(1) Basnage, II, 560.
(2) Caen, 2 décembre 1836, R. 37, 111.
(3) Caen, 19 avril 1882, R. 82, 123.

sera mitoyen *au temps des pilaisons* ou *pour cidrer seulement*, la mitoyenneté s'applique uniquement aux ustensiles du pressoir et non au bâtiment ; en conséquence, le bâtiment est entretenu par le seul propriétaire, et le mécanisme du pressoir par les divers communistes (1).

169. — Dans le cas ou la communauté se trouve limitée au pressoir, le droit de libre accès doit être restreint à la période pendant laquelle on fabrique du cidre (2).

170. — Généralement la *cidraison* commence le 15 septembre (3) et peut se continuer jusqu'au 15 février.

Il est fait un roulement de trois à sept jours pour chaque ayant droit ; la durée de jouissance se calcule par 24 heures, commençant ordinairement à 6 ou 7 heures du matin pour la remise de la clef (4).

171. — Celui qui a la copropriété d'un pres-

(1) Caen, 16 avril 1839, 6 janvier 1841, 13 novembre 1841, R. 41, 393 ; comp. Caen, 20 février 1888, S. 92, 2, 191.

(2) Cass., 9 janvier 1888, S. 88, 1, 112.

(3) Coutances, 28 décembre 1857.

(4) Caen, 13 novembre 1841, R. 41, 393 ; Rouen, 20 août 1850, R. 60, 86.

soir est fondé à pressurer les fruits provenant non seulement du fonds partagé, mais encore tous autres qu'il juge convenable (1).

172. — La copropriété peut être cédée à un tiers, en tout ou en partie, même sans vente de fonds venant de la cohérie (2), ou encore exercée par un fermier (3) ; mais elle ne saurait être réclamée par un acquéreur de fonds provenant de la cohérie, à défaut de cession formelle (4).

173. — On ne perd la copropriété d'un pressoir que par une possession exclusive pendant 30 ans au profit de l'un des communistes, et c'est à celui qui, invoquant cette possession exclusive prétend prescrire, à en rapporter la preuve (5).

VII. — Puits

174. — Tout puits doit être entouré d'une margelle ou mardelle en maçonnerie, de 66 à 80

(1) Bérault, sur art. 353 cont. ; Caen, 16 avril 1839, 6 janvier 1841, R. 41, 70 ; 20 février 1888, S. 92, 2, 191.
(2) Caen, 13 novembre 1841, R. 41, 333.
(3) Caen, 2 décembre 1864, R. 64, 392.
(4) Caen, 25 février 1841, R. 41, 411.
(5) Caen, 26 juin 1809, R. 69, 212.

centimètres au-dessus du sol, et couvert pour éviter les accidents.

175. — Le puits coupé en deux par la ligne séparative de deux héritages, ne saurait être l'objet d'une utilisation exclusive; il est propriété commune, et l'un des copropriétaires ne peut modifier l'état du puits ni en diviser l'orifice (1).

176. — Lorsque en partageant un corps de bâtiment, un puits a été laissé indivis pour servir en commun aux copartageants, l'usage de ce puits est restreint aux immeubles qui ont fait l'objet du partage; il ne doit pas être étendu à ceux que les copartageants acquièrent par la suite (2).

177. — Chacun des ayant droit au puits est tenu d'en user civilement et autant que possible pendant le jour, de manière que les copropriétaires n'en soient pas trop incommodés (3).

178. — Le propriétaire de la cour dans laquelle se trouve le puits, a la faculté de la clore, à

(1) Tr. Rouen, 27 mars 1881, R. 81, 207.

(2) Cout. Norm., 621; comp. Bourges, 13 novembre 1838, S. 39, 2, 81;

(3) Pesnelle, 630; Basnage, II, 202.

la charge de fournir une clef à chaque inté-
ressé (1).

179. — L'entretien, le curage (2), les réparations et la reconstruction d'un puits appartenant
en commun à plusieurs, sont à la charge de tous;
l'un des intéressés peut y contraindre les autres
quand il en est besoin.

180. — Du reste, on a toujours la faculté
d'abandonner son droit au puits et au puisage.

DEUXIÈME SECTION

MITOYENNETÉ

181. — La mitoyenneté est fondée sur cette
pensée que les deux propriétaires voisins ont
fait, en réalité, ce qu'ils avaient intérêt à faire,
c'est-à-dire que chacun a fourni la moitié du sol,
des matériaux et de la main-d'œuvre.

(1) Cout. Norm., 624.

(2) Le curement du puits n'est pas à la charge du locataire (C.
civ., 1656).

I. — Murs

1° Présomption de mitoyenneté

182. — Partout, à la ville comme à la campagne, tout mur servant de séparation entre bâtiments, est réputé mitoyen dans toute sa hauteur lorsque les deux bâtiments présentent la même élévation, et au cas contraire, jusqu'à l'héberge seulement, c'est-à-dire jusqu'à la ligne formée par l'arête des constructions les moins élevées (1).

183. — Tout mur séparatif entre cours et jardins, et même entre enclos dans les champs, est également présumé mitoyen (2).

184. — Quant au mur entre une maison et une cour ou un jardin, il appartient en totalité au propriétaire de la maison (3).

185. — Le mur servant de soutènement à une terrasse, appartient exclusivement au proprié-

(1) C. civ., 653; Demolombe, XI, 317.

(2) C. civ., 653; Aubry et Rau, § 222, note 7; Demolombe, XI, 227.

(3) Cass., 4 juin 1845, 12 mai 1880, S. 80, 1, 200; Huc, IV, 324; Aubry et Rau, § 222, note 9.

taire du fonds supérieur, alors du moins qu'il ne s'élève qu'à hauteur d'appui (1); s'il empêchait toute vue sur le fonds inférieur, il serait présumé mitoyen comme mur de clôture (2).

186.—Les murs séparant une cour commune de jardins ou cours appartenant exclusivement aux copartageants, sont réputés mitoyens (3).

187. — Les présomptions légales de mitoyenneté des murs cessent s'il y a titre ou marque du contraire (4).

188. — Il y a marque de non mitoyenneté lorsque la sommité du mur est droite et à plomb de son parement d'un côté et présente de l'autre un plan incliné; lors encore qu'il n'y a que d'un côté ou un chaperon ou des filets et corbeaux de pierre qui y auraient été mis en bâtissant le mur (5). Dans ces cas, le mur est censé appar-

(1) Bordeaux, 18 mai 1858, S. 50, 2, 177; Pardessus, 150; comp. Aubry et Rau, § 222, note 10.

(2) Caen, 2 avril 1862, R. 62, 222; Demolombe, XI, 330; Laurent, VII, 529.

(3) Caen, 26 décembre 1843, R. 43, 647.

(4) C. civ., 653.

(5) Le *chaperon* est la couverture, le toit, le chapeau du mur. On appelle *filets*, larmiers, les moulures en tuiles ou pierres plates qui font saillie au bout du chaperon, afin de rejeter hors du parement

tenir exclusivement au propriétaire du côté duquel sont l'égout ou les corbeaux et filets de
pierre (1).

Sous la Coutume, les ouvertures parementées
appelées chapelles, relais, armaires, lorsqu'elles
se trouvaient accompagnées de pierre de taille
traversant tout le mur, faisaient attribuer la propriété du mur au voisin du côté duquel elles
étaient (2).

189. — La présomption de mitoyenneté ne
s'applique évidemment qu'aux murs servant de
séparation immédiate entre deux fonds (3), lorsqu'il existe au-delà du mur un espace de terrain
quelconque, il n'y a pas à présumer de mitoyenneté. En pareille circonstance, la preuve de non
mitoyenneté sera souvent attestée par des jam-
bes de force, ou piliers boutauts soutenant le
mur à l'extérieur (4).

190. — Tout propriétaire bâtissant un mur, à

---

du mur les eaux qui en découlent. *Les corbeaux* sont des pierres
traversant le mur et faisant saillie d'un côté (Cout. Norm., 618).

(1) C. civ., 651 ; comp. Rouen, 31 août 1867, R. 67, 261.

(2) Cout. Norm., 618 ; Houard, *Dict. armaires.*

(3) On dit dans ce cas que le mur est contigu, à fin d'héritage,
sans moyen (Cout. Norm., 616).

(4) Caen, 17 mai 1831 ; Demolombe, XI, 331.

ses frais, à l'extrême limite de son fonds, doit avoir soin de s'en assurer la propriété exclusive en y plaçant des marques de non mitoyenneté que la loi considère comme contradictoires avec le voisin, ou en obtenant de celui-ci une déclaration spéciale.

191. — Du reste, même en cas d'existence de marques de non mitoyenneté, le voisin peut acquérir la mitoyenneté par prescription de 30 ans, au moyen d'actes matériels constituant l'exercice de droits de copropriété (1).

192. — Le fait de recrépir le mur n'est pas considéré comme un acte faisant présumer la mitoyenneté (2).

193. — La présomption de mitoyenneté ne saurait être détruite que par un titre formel (3).

194. — Les copropriétaires d'un mur mitoyen sont tenus de contribuer, dans la proportion de leur droit, aux frais de réparation ou de reconstruction de ce mur (4).

(1) C. civ., 2229; Rouen, 31 août 1867, S. 68, 2, 215; Demolombe, XI, 347; Aubry et Rau, § 222, note 24.

(2) Caen, 20 juin 1845. R. 46, 550.

(3) Caen, 7 août 1848, R. 48, 229.

(4) C. civ., 655.

Évidemment, la reconstruction du mur doit avoir lieu dans les conditions de l'ancien, et avec des matériaux de même nature (1).

Pour que les frais de réparation ou de reconstruction soient une charge commune, il faut que le mauvais état du mur provienne d'un vice de construction originaire, d'un accident ou de vétusté; si, au contraire, le mauvais état provenait du fait de l'un des copropriétaires qui aurait dégradé ou ébranlé le mur, lui seul devrait supporter les frais (2).

195. — Au surplus, l'un des copropriétaires ne pourrait pas, sans avoir obtenu le consentement préalable de l'autre, faire procéder à la réparation ou reconstruction du mur mitoyen; en agissant ainsi de son chef, il s'exposerait à payer seul les frais des travaux (3).

196. — L'un des voisins ne peut pratiquer dans le corps du mur mitoyen aucun enfoncement ni y appliquer ou appuyer aucun ouvrage, sans le consentement de l'autre, ou sans avoir, à son refus, fait régler par experts les moyens

(1) Caen, 28 février 1857, S. 57, 2, 376.
(2) Paris, 27 novembre 1877, D. 79, 2, 21.
(3) Huc, IV, 327; Laurent VII, 515.

nécessaires pour que le nouvel ouvrage ne soit pas nuisible aux droits de l'autre (1).

Il est permis aux intéressés de déroger à cette règle, notamment pour l'établissement de cheminées (2).

197. — Sans l'accord des deux voisins, l'un d'eux ne pourrait pratiquer dans le mur mitoyen aucune fenêtre ou ouverture, de quelque manière que ce soit, même à verre dormant (3).

198. — Par suite d'expropriation publique, la mitoyenneté se trouve quelquefois transférée à l'expropriant qui a les mêmes droits que l'ancien propriétaire (4).

199. — La mitoyenneté donne à chacun des copropriétaires la faculté de se servir du mur pour tous les usages auxquels il est destiné, d'après sa nature (5).

Ainsi, chaque co-propriétaire est autorisé à adosser, contre le mur mitoyen, toutes espèces de plantations ou de constructions. Il peut y

---

(1) Code civ., 662. Demolombe, XI, 111; comp. Basnage, art. 611, Cout. Norm.; Vaudoré, I, 239.

(2) Caen, 23 août 1864, R. 64, 208.

(3) C. civ., 675.

(4) Cass., 21 juillet 1862, S. 62, 1, 797.

(5) Aubry et Rau, § 222, 3°; Demolombe XI. 396.

faire placer des poutres ou solives dans toute son épaisseur, à cinquante-quatre millimètres (deux pouces) près, sans préjudice du droit qu'a l'autre voisin de les faire réduire à l'ébauchoir jusqu'à la moitié du mur, dans le cas ou il voudrait également asseoir des poutres au même endroit ou y adosser une cheminée (1).

200. — Chacun des copropriétaires a le droit d'enfoncer des clous dans le mur mitoyen, d'y appuyer des plantes grimpantes ou des espaliers (2).

2° *Exhaussement*

201. — A moins de convention contraire, tout copropriétaire peut faire exhausser le mur mitoyen, mais il doit payer seul la dépense de l'exhaussement et les réparations d'entretien au dessus de la hauteur de la cloture mitoyenne (3).

En outre, il est tenu d'indemniser le voisin du préjudice de l'exhaussement en nécessitant de plus fréquentes réparations, à moins cependant qu'au moyen de travaux confortatifs il ne fasse

(1) C. civ., 657.

(2) C. civ., 671 ; Caen, 3 mai 1839. R. 39, 177.

(3) Rouen, 30 juin 1883, R. 83, 233; Cass., 2 juillet 1895. S. 95, 1, 415. — Il n'est pas nécessaire que l'exhaussement soit construit sur toute l'épaisseur du mur, ni en   tér   r identiques (Cass., précité).

entièrement disparaître les inconvénients de la surcharge (1).

202. — Lorsque le mur mitoyen n'est pas en état de supporter l'exhaussement, celui des voisins qui veut y faire procéder, doit reconstruire le mur en entier à ses frais, et en prenant de son côté l'excédent d'épaisseur. Dans ce cas, évidemment, il n'est dû aucune indemnité de surcharge (2).

203. — Celui qui fait exhausser ou reconstruire le mur mitoyen supporte seul les frais d'expertise, ainsi que ceux d'étayage des bâtiments du voisin (3).

Si le voisin exhaussait sans expertise préalable, il s'exposerait à des dommages intérêts en cas d'accident (4).

204. — Pourvu qu'il n'y ait eu ni faute ni négligence, il n'est dû aucun dédommagement au voisin pour l'embarras momentané que lui causent les travaux de démolition et de reconstruction, ni pour la perte de clientèle résultant

(1) C. civ., 658; Aubry et Rau § 222, note 38.
(2) C. civ., 659; Demolombe, XI, 401.
(3) Aubry et Rau, § 222, note 41; Duranton, V, 331.
(4) Bordeaux, 21 avril 1864, S. 64, 2, 219.

de l'interruption de son commerce, ni encore pour la perte de jouissance subie par ses locataires, encore qu'il leur devrait lui-même une indemnité de ce chef (1).

Mais l'auteur de l'exhaussement doit réparer à ses frais toutes dégradations occasionnées par les travaux aux espaliers, treillages, ornements et constructions adossées au mur (2).

205.—En cas de reconstruction du mur pour cause d'exhaussement, le nouveau mur, quoique reconstruit aux frais de l'un des copropriétaires, n'en devient pas moins mitoyen jusqu'à la hauteur de l'ancien (3).

206. — Le voisin qui n'a pas contribué aux frais de l'exhaussement, est toujours admis à acquérir la mitoyenneté de la partie exhaussée en remboursant la moitié de ses frais, et, le cas échéant, la moitié de la valeur du sol fourni pour l'excédant d'épaisseur (4).

(1) C. civ., 1721; Caen, 18 mai 1858, R. 58, 322; Paris, 21 mars 1870, S. 79, 2, 137; Demolombe, XI, 406; Duranton, V, 331

(2) Caen, 28 juin 1844, R. 44, 601; Paris, 24 novembre 1874, S. 76, 2, 109; Huc, IV, 333.

(3) Aubry et Rau, § 222, note 45; Demolombe, XI, 407; Huc, IV 331.

(4) C. civ. 600; Laurent, VII, 564.

En acquérant la mitoyenneté de la suréléva
tion d'un mur mitoyen, le voisin peut exiger la
suppression des jours et des enfoncements s'y
trouvant (1).

3° *Acquisition de mitoyenneté*

207.—Tout propriétaire d'un terrain joignant
un mur non mitoyen, a la faculté d'en acquérir
la mitoyenneté, en tout ou en partie, en remboursant la moitié de la valeur du mur ou de la
portion qu'il veut rendre mitoyenne, et moitié
de la valeur du sol (2).

L'acquisition partielle de la mitoyenneté comprend toujours la totalité de l'épaisseur du mur
et toute la profondeur des fondations (3).

208. — Cette faculté d'acquérir la mitoyenneté s'applique à tous les murs, mais uniquement aux murs; elle est étrangère aux clôtures
composées de planches, pieux, lisses (4).

D'ailleurs, elle ne peut être exercée quant aux

(1) Caen, 17 mars 1849, R. 49, 142.

(2) C. civ., 661.

(3) Caen, 22 mars 1850, R. 50, 476; Demolombe, XI, 363.

(4) Cass., 15 mai 1857, S. 58, 1, 271; Caen, 31 janvier 1877, R. 77,
20; S. 77, 2, 165.

murs faisant partie d'édifices publics : mairies, églises, etc. (1).

209. — Le propriétaire dont le mur se trouve en retrait de la ligne séparant son héritage de celui du voisin, est autorisé à refuser de céder la mitoyenneté, si minime que soit le terrain intermédiaire (2).

210. — Celui qui demande à acquérir la mitoyenneté, peut avoir uniquement l'intention de faire fermer des jours de souffrance (3); au surplus, il n'est aucunement obligé de faire connaître ses motifs.

Quant aux vues directes existant en vertu de titres, ou de la destination du père de famille, ou remontant à plus de trente ans, l'acquéreur de la mitoyenneté n'a pas le droit de les faire supprimer (4). Du reste, une ouverture placée à une très grande hauteur, et ne permettant guère que la vue des toits est une simple tolérance (5).

(1) Cass., 5 décembre 1838, S. 39, 1, 33.

(2) Cass., 26 mars 1862, S. 62, 1, 473. — *Contrà*, Caen, 27 janvier 1860, S. 61, 2, 63, autorisant l'acquisition, l'espace laissé ne pouvant être d'aucune utilité pour le propriétaire constructeur.

(3) C. civ., 675 ; Cass., 13 juin 1888, S. 88, 1, 413.

(4) Cass., 13 juin 1888, précité ; Caen, 7 juin 1881, R. 61, 232.

(5) Rouen, 27 juin 1878, 21 mai 1881, R. 81, 239.

Le propriétaire exclusif d'un mur qui a établi des placards, des cheminées, peut-il être contraint de les supprimer par l'acquéreur de la mitoyenneté ?

En équité, l'acheteur doit prendre les choses dans l'état où elles se trouvent, car son achat n'a point d'effet rétroactif (1).

211. — Comme toute autre faculté légale, celle d'acquérir la mitoyenneté est imprescriptible, tant qu'il n'y a pas été renoncé (2).

212. — A défaut par les parties de se mettre d'accord sur la valeur de la mitoyenneté, elle sera fixée par deux experts. Les frais d'acte et d'expertise sont supportés par l'acheteur (3).

Si l'un des intéressés refusait l'expertise amiable, les frais de contestation et d'expertise judiciaire tomberaient à sa charge (4).

(1) Poitiers 28 décembre 1811; Bourges, 19 février 1872, S. 72, 2, 222; Pardessus, 397; Laurent, VII, 515; — Contrà, Demolombe, XI, 372; Aubry et Rau, § 222, note 61; Cass. Belge, 18 octobre 1883, S. 86, 4, 13, disant que l'acquisition de la mitoyenneté oblige à livrer le mur dans l'état ou il aurait dû être s'il eût été mitoyen dès l'origine.

(2) C. civ., 2232; Caen, 31 janvier 1877, R. 77, 2).

(3) Comp. Montpellier, 8 mars 1876, S. 77, 2, 177; Laurent VII, 513; Pardessus, 159.

(4) Comp. Pardessus, 158; Demolombe, XI, 366.

213. — La cession de mitoyenneté est une véritable vente immobilière qui doit être transcrite aux hypothèques (1).

214. — Il peut arriver qu'en l'absence de toute convention le voisin d'un mur non mitoyen en prenne possession, par exemple en y adossant des constructions. Alors, le propriétaire du mur est fondé à demander la destruction des ouvrages, et l'usurpateur ne pourra s'y soustraire qu'en payant la mitoyenneté.

Quand l'usurpateur de la mitoyenneté vend son immeuble, le propriétaire du mur conserve néanmoins le droit de réclamer au tiers acquéreur l'indemnité de mitoyenneté (2), tant que la prescription trentenaire n'est pas accomplie.

4° Abandon

215. — Chacun des copropriétaires du mur mitoyen peut, en renonçant à la mitoyenneté, s'affranchir de l'obligation de contribuer aux frais d'entretien et de reconstruction de ce mur, pourvu qu'il ne soutienne pas un bâtiment lui

(1) L. 23 mars 1855, art. 2.
(2) Cass., 10 avril 1880, 27 juin 1892, S. 92, 1, 417.

appartenant (1), et que la réparation ou reconstruction n'ait pas été rendue nécessaire par son
fait ou par sa faute (2).

La faculté d'abandon s'exerce pour la totalité
ou pour partie du mur (3).

216. — Il est du reste permis d'abandonner
la mitoyenneté d'un mur situé dans un lieu ou
la clôture est forcée (4). Comp. n° 128.

217. — L'abandon de mitoyenneté est une
aliénation soumise à la transcription hypothécaire (5).

II. — Clôtures rurales

218. — Toute clôture qui sépare des héritages est réputée mitoyenne, sauf dans quatre cas:
un seul des héritages est en état de clôture; titre
contraire à la mitoyenneté; prescription au profit de l'un des voisins ayant possédé à titre exclusif; marque de non mitoyenneté (6).

(1) C. civ., 656.
(2) Pardessus, 106, 168; Duranton V, 319; Demolombe, XI, 393;
Aubry et Rau, § 222, note 27.
(3) Cass., 3 avril 1865, S. 65, 1, 159.
(4) Cass., 3 décembre 1802, 26 juillet 1882, S. 84, 1, 79.
(5) L. 23 mars 1855, art. 2.
(6) C. civ., 666.

219. — Lorsqu'un seul des héritages est en état de clôture, la présomption de mitoyenneté cesse, et alors la clôture est simplement présumée appartenir au maître de l'héritage clos (1). À cet égard, il faut considérer non pas l'état actuel des lieux, mais leur état primitif, et la clôture doit être déclarée mitoyenne lors même qu'un seul des héritages est en état de clôture, s'il est établi qu'antérieurement les deux fonds étaient clos (2).

220. — La présomption de mitoyenneté s'évanouit devant un titre qui attribue à l'un des voisins la propriété exclusive de la clôture, encore que ce titre ne soit pas commun avec deux propriétaires voisins (3).

221. — La présomption de mitoyenneté cesse encore, lorsqu'il y a eu prescription au profit de l'un des voisins ayant possédé, à titre exclusif, durant le temps voulu, la clôture séparant son héritage de l'héritage voisin (4).

(1) Demolombe, XI, 471.

(2) Caen, 1ᵉʳ juillet 1858, S. 58, 2, 13; Cass., 12 mars 1872, S. 72, 1, 63.

(3) Cass., 11 août 1831, S. 81, 1, 193; Bordeaux, 13 juillet 1886, S. 88, 2, 150.

(4) Comp. Cass., 17 janvier 1838, S. 39, 1, 123; Aubry et Rau, § 222, note 81; Demolombe, XI, 575; Laurent, VII, 581.

3*

222. — Il y a manque de non mitoyenneté pour les fossés, lorsque la levée ou le rejet de la terre se trouve d'un côté seulement. Le fossé est censé appartenir exclusivement à celui du côté duquel le rejet se trouve (1).

Dans plusieurs parties de la Normandie, il existe des fossés non mitoyens dont le rejet est mis du côté du voisin (2).

223. — Les fossés séparant les bois domaniaux des bois des particuliers devant être faits et entrepris par les riverains sur leurs propriétés, sont réputés leur appartenir, bien que la terre en ait été rejetée du côté domanial (3).

224. — A l'égard des haies sèches, les attaches en osier ou en fil de fer qui sont toujours tordues à l'intérieur des propriétés closes, constituent des marques de non mitoyenneté (4).

225. — La clôture mitoyenne doit être entretenue à frais communs ; mais le voisin peut

(1) C. civ., 666; Caen, 13 mars 1839, R. 39, 75; comp. Cout. Verneuil, art. 4.

(2) Comp. Caen, 22 février 1821.

(3) Ord. août 1669, tit. XXVII, art. 4; Cass., 12 août 1851, S. 51, 1, 736; Caen, 25 mai 1850, R. 60, 371; Rouen, 18 mai 1850; Tr. Rouen, 30 mars 1879, R. 79, 218.

(4) Huc, IV, 358; Usages, Seine-Inférieure, 180; Usages, Eure, 38.

se soustraire à cette obligation en renonçant à la mitoyenneté; cette faculté cesse pour le fossé servant habituellement à l'écoulement des eaux (1).

226. — Le voisin dont l'héritage joint un fossé ou une haie non mitoyens, ne peut contraindre le propriétaire à lui céder la mitoyenneté (2).

227. — Tout propriétaire d'une haie mitoyenne, ou d'un fossé mitoyen qui ne sert qu'à la clôture, peut détruire cette clôture jusquà la limite de sa propriété, à la charge de construire un mur. Ce n'est pas une faculté pour le propriétaire qui détruit la clôture mitoyenne, de construire un mur à la limite de sa propriété; la loi lui impose une obligation (3).

Du reste, il est bien entendu que le mur ainsi construit aux frais d'un propriétaire sur son terrain, ne sera pas mitoyen.

228. — Tant que dure la mitoyenneté de la

(1) C. civ., 607.
(2) C. civ., 608.
(3) C. civ., 668; Moulins, 25 février 1888, S. 88, 2, 221.

haie, les produits appartiennent aux propriétaires par moitié (1).

229. — La haie mitoyenne est réduite à une
épaisseur de 50 centimètres et à une hauteur de
1m66 à 2 mètres, au moins une fois tous les six
ans (2).

Par exception, les haies vives entre jardins
doivent être tondues chaque année.

230. — Assez souvent, les voisins jouissent
de la haie mitoyenne chacun pour la moitié qui
se trouve de son côté ; d'autres fois, chaque
voisin exploite son bout; quoi qu'il en soit, la
convention ne détruit pas la mitoyenneté, ni
l'obligation d'entretenir la haie en bon état de
clôture (3).

231. — Les arbres qui se trouvent dans la
haie mitoyenne sont aussi mitoyens. Les arbres
plantés sur la ligne séparative de deux héritages sont également réputés mitoyens. Lorsqu'ils
meurent ou lorsqu'ils sont coupés ou arrachés,
ces arbres sont partagés par moitié. Les fruits

(1) C. civ., 660.
(2) Arrêt Parl., 17 août 1751, art. 10: Usages, Eure, 25, 28.
(3) Usages, Eure, 29, 30; Usages, Seine-Inférieure, 181.

sont recueillis à frais communs et partagés aussi par moitié, soit qu'ils tombent naturellement, soit que la chute en ait été provoquée, soit qu'ils aient été cueillis. Chaque propriétaire a le droit d'exiger que les arbres mitoyens soient arrachés (1).

(1) C. civ., 670

CHAPITRE TROISIÈME

SERVITUDES LÉGALES

232. — L'objet des servitudes légales est soit l'utilité publique, soit l'utilité des particuliers (1).

PREMIÈRE SECTION

SERVITUDES D'UTILITÉ PUBLIQUE

I. — Halage et Marchepied

233. — Les fonds riverains des fleuves et rivières navigables ou flottables (2) sont grevés

(1) C. civ., 639, 649.

(2) Le tableau annexé à l'ordonnance du 10 juillet 1835, déclare navigables : la Seine sur tout son parcours dans les départements de l'Eure et de la Seine-Inférieure ; la Lézarde depuis le pont aux chaînes de Harfleur ; l'Andelle de la commune de Pitres ; l'Eure depuis Saint-Georges ; la Rille depuis Montfort ; la Touques depuis la commune du Breuil ; la Dives du pont de Corbon ; l'Orne du pont de Vaucelles à Caen ; l'Aure de Trévières ; la Vire du pont de Vire à Saint-Lo ; la Taute du moulin du Mesnil près Marchesieux ; la Madelaine de la chaussée de Beaute ; la Douve de Saint-Sauveur-le-Vicomte ; le Merdret de la chaussée de la Fière ; la Sève du pont de Beaute ; la Sienne du pont de la Roque, commune de Montebaton ; la

des servitudes de halage et de marchepied (1).

234. — Pour les rivières navigables : d'un côté le chemin de halage doit avoir 24 pieds (8 mètres) de largeur, et le riverain ne peut planter arbres ni tenir haies ou clôtures qu'à 2 mètres au-delà, c'est-à-dire à la distance de 30 pieds (10 mètres) du bord; de l'autre côté le marchepied est de quatre pieds (1^m33) et la défense d'élever arbres, haies ou clôtures s'étend à 10 pieds (3^m33) de la rive (2).

La largeur du chemin de halage peut être restreinte par l'administration lorsque les besoins du service le permettent (3).

235. — Sur les rivières flottables en trains, il n'y a qu'un marchepied de 10 pieds (3^m33) de chaque côté (4).

236. — En ce qui concerne les rivières flot-

Terrette du pont Boucher, commune de Saint-Pierre-d'Arthenay; la Sée de Tirepied au-dessous d'Avranches; la Sélune du pont de Ducey; le Couesnon sur tout son parcours dans le département de la Manche.

(1) Édit 13 août 1669, tit. xxviii, art. 7; C. civ., 650; Décr. 22 janvier 1808.

(2) Édit 1669, tit. xxviii, art. 7; Édit décembre 1672, ch. I, art. 3.

(3) Décr. 22 janvier 1808, art. 4.

(4) Décr. 16 messidor an XIII; Daviel, 101.

tables seulement à bûches perdues, les riverains sont tenus de laisser, sur l'une et l'autre rive, un chemin de 4 pieds (1ᵐ33) pour le passage des ouvriers chargés de pousser les bois aval de l'eau (1).

237. — Les riverains des canaux de navigation créés de main d'homme, ne sont pas en général assujettis aux servitudes de halage et de marchepied, car le sol des chemins de halage et de marchepied est acquis par expropriation, en même temps que l'assiette du canal (2).

238. — Il est défendu de pratiquer des fouilles à moins de 12 mètres des rivières et canaux navigables, comme aussi des rigoles d'alimentation d'un canal navigable (3).

Tout propriétaire qui veut construire ou planter le long d'une voie navigable doit au préalable demander au préfet de tracer l'alignement du domaine public (4).

(1) Édit 1672, tit XVII, art. 7; Arr. 13 nivose an V, art. 3.

(2) Circ. 19 juillet 1880; Cons. d'État 6 juin 1856, S. 57, 2, 451. — Les canaux de navigation comprennent: Caen à la mer; Eu au Tréport (L. 19 juillet 1837); Coutances (Décr. 26 octobre 1876); Vire et Taule (L. 13 juillet 1880); Havre à Tancarville (L. 19 Juillet 1880).

(3) Édit 1669, tit. XXVII, art. 41; arrêt Cons. 24 juin 1777, art. 1 et 3; Cons. d'Ét. 18 août 1857, S. 58, 2, 708.

(4) Regl. 1ᵉʳ mai 1882, tit. VI, art. 40.

II. — Zone militaire

239. — Dans l'intérêt des places de guerre et des postes militaires (1), il est défendu de faire des constructions ou travaux sur les fonds compris dans les différentes zones tracées autour de ces places ou postes (2).

240. — A l'extérieur des citadelles, places de guerre et ouvrages détachés, la limite des fortifications s'étend à une distance de 39 mètres, déterminée par des bornes plantées aux frais de l'État, quand il n'existe pas de limites naturelles comme chemins ou rivières.

241. — Au-delà de ce terrain militaire, le rayon de défense grevant les propriétés privées comprend trois zones : la première, à 250 mètres; la deuxième, à 487 mètres, et la troisième à 584 mètres autour des portes militaires et à 974 mètres autour des places de guerre (3).

(1) Le tableau des places et postes annexé à la loi du 10 juillet 1851 comprend : le port et les forts de Cherbourg et des environs; le fort et la redoute de Granville; les forts du Havre; le château de Dieppe: les batteries de Mers de la Douane et du Tréport; le château de Caen,

(2) L. 10 juillet 1851; Décr. 10 août 1853, 15 mars 1862.

(3) Décr. 10 août 1853, art. 5.

Dans la première zone, il ne peut être fait aucune construction ni plantation, toutefois les clôtures légères à claire-voie sont permises ; dans la deuxième zone, on ne peut élever que des constructions en bois et en terre, sans pierre ni briques, et à la charge de les démolir et enlever, sans indemnité, à première réquisition de l'autorité militaire; dans la troisième zone, toutes constructions sont permises, mais il est interdit de faire des fouilles ou déposer des matériaux sans une autorisation spéciale (1).

Un décret peut réduire l'étendue des zones du côté des centres de population (2).

242 —Les constructions existantes antérieurement à la fixation du rayon militaire continuent d'exister, mais dans le cas de démolition, il n'est pas permis de les rétablir (3).

III. — Magasin à poudre

243. — Il est interdit d'élever à une distance moindre de 25 mètres des murs d'enceinte des magasins à poudre de la guerre et de la marine,

(1) Décr. 1853, art. 7 à 11.
(2) L. 10 juillet 1851 ; Décr. 1853, tit. II, art. 6.
(3) Décr. 1853, art. 21.

aucune construction de nature quelconque autre que des murs de clôture.

Sont prohibés dans la même étendue : l'établissement des conduites de becs de gaz, des clôtures en bois et des haies sèches ; les emmagasinements et dépôts de bois, fourrages ou matières combustibles, et les plantations d'arbres de haute tige.

On ne peut, jusqu'à une distance de 50 mètres des murs d'enceinte, construire des usines et établissements pourvus de foyers, avec ou sans cheminée d'appel (1).

IV. — Bois et Forêts

244. — Les bois et forêts appartenant à l'État ou aux établissements publics, affectent les fonds environnants de servitudes d'utilité publique (2).

245. — Ainsi, les voisins ne peuvent sans autorisation : 1° Construire un four à chaux ou à plâtre, une tuilerie, à moins de 1 kilomètre de distance de ces bois et forêts ; 2° Établir aucune maison sur perches, loge, baraque, à moins de

(1) L. 22 juin 1854, art. 1 et 2.
(2) C. for., 1.

1 kilomètre ; 3° Construire une maison ou une ferme à moins de 500 mètres, ni établir dans ces maisons ou fermes aucun atelier à façonner le bois, chantier ou magasin pour faire le commerce de bois ; 4° Établir une usine à scier le bois à moins de 2 kilomètres de distance (1).

La demande d'autorisation doit être remise en double à l'agent forestier supérieur de l'arrondissement.

Toute contravention entraîne une amende et la démolition des travaux.

V. — Routes

246.—Les riverains des routes nationales ou départementales sont obligés de demander l'autorisation préalable de la préfecture pour construire, réparer, planter, abattre au long de ces voies (2).

247. — Celui qui veut planter des arbres sur son propre terrain a plus de 6 mètres de distance de la route ou une haie vive à plus de 2 mètres, est dans ce cas seulement dispensé de demander

(1) C. for., 151 à 155.

(2) L. 22 juillet 1791, art. 29 ; Décr. 16 décembre 1811, art. 93 à 105.

l'alignement à suivre (1); les plantations à des distances moindres doivent donc être préalablement autorisées.

248. — Les fossés et talus des routes sont réputés en dépendre (2), car les routes ont pour limites la crête extérieure des fossés, le pied du talus en remblai et la crête du talus en déblai (3).

249. — Toute contravention en matière de grande voirie est de la compétence du Conseil de préfecture (4).

VI. — Chemins vicinaux

250. — Pour construire ou réparer un bâtiment, mur ou clôture quelconque à la limite des chemins vicinaux, il est nécessaire de demander au préalable un alignement individuel (5).

---

(1) L. 9 ventôse an XIII, art. 5; Cons. d'État, 4 janvier 1800.

(2) Décr. 16 décembre 1811, art. 118, 119; L. 12 mai 1825, art. 2.

(3) Cons. d'État, 26 octobre 1836, 22 août 1838.

(4) La procédure devant le Conseil de préfecture est réglementée par la loi du 22 juillet 1889. Comp. n° 472.

(5) Régl. général de 1870, art. 172, 178; Inst. générale, 6 décembre 1870, art. 273, 279; Régl. Eure, 6 février 1872; Calvados, 15 avril 1872; Orne, 19 avril 1872; Seine-Inférieure, 17 juillet 1872; Manche, 18 janvier 1873.

Cet alignement doit être donné par écrit (1): par le maire, sur l'avis de l'agent-voyer, le long des chemins vicinaux ordinaires; par le préfet, sur le rapport des agents-voyers, le long des chemins de grande communication ou d'intérêt commun.

251. — Les fossés et talus en remblai ou en déblai, sont présumés faire partie du chemin vicinal (2).

252. — Tout particulier qui veut planter sur son propre fonds, doit préalablement en obtenir l'autorisation et observer les distances fixées par les arrêtés préfectoraux (3), savoir :

Seine-Inférieure : arbres fruitiers, 2 mètres; arbres forestiers, 1 mètre; bois taillis, 50 centimètres; distance des arbres entr'eux, 5 mètres; haies vives à 50 centimètres, avec hauteur maximum de 2 mètres.

Eure: arbres fruitiers, 3^{m}30; arbres forestiers, 2 mètres; bois taillis, 1^{m}60; distance des arbres fruitiers entr'eux, 10 mètres, des arbres iores-

---

(1) Tr. Caen, 3 août 1670, n. 77, 72.

(2) Règl. gén., 339; Cass., 10 juin 1856, S. 50, 1, 122, 7 novembre 1892.

(3) Règl. gén , 181, 189, 190.

tiers, 5 mètres ; haies vives à 50 centimètres, avec hauteur maximum de 1m50.

Calvados : arbres fruitiers et forestiers, 2 mètres ; bois taillis, 1 mètre ; distance des arbres entr'eux, 6 mètres ; haies vives à 50 centimètres, avec hauteur maximum de 1m66.

Orne : arbres fruitiers, 4 mètres ; arbres forestiers et taillis, 2 mètres ; distance des arbres entr'eux (1) ; haies vives à 50 centimètres, avec hauteur maximum de 2 mètres.

Manche : Pommiers, châtaigniers, etc., 2 mètres ; ormes, peupliers, 1 mètre ; bois taillis, 50 centimètres ; distance des arbres entr'eux, 10 mètres ; haies vives à 50 centimètres, avec hauteur maximum de 1m50.

253.--Les arbres, branches, haies et racines avançant sur le sol des chemins vicinaux, doivent être coupés à l'aplomb de ces chemins, à la diligence des propriétaires ou fermiers, conformément aux arrêtés préfectoraux qui deviennent obligatoires par leur insertion dans le Recueil des actes administratifs et leur publication dans la commune, selon la forme ordinaire (2).

(1) Régl. gén., 6 mètres, à défaut d'indication dans le règlement départemental.

(2) L. 21 mai 1836, art. 21 ; Cass., 3 octobre 1857, S. 58, 1, 256.

En cas de retard ou de refus d'exécution, les contrevenants sont condamnés à l'amende par le tribunal de simple police (1) qui enjoint un délai pour exécuter l'élagage ou l'émondage, passé lequel il y est procédé d'office à leurs frais.

254. — Dans le cas ou les propriétaires riverains veulent ouvrir des fossés sur leur terrain, comme mode de clôture et de défense, ils sont tenus d'en demander l'autorisation et d'observer la distance de 50 centimètres prescrite par les règlements départementaux.

Tout fossé doit avoir un talus de 1 mètre de base au moins pour 1 mètre de hauteur; en outre, le propriétaire est obligé de l'entretenir de manière à empêcher que les eaux nuisent à la viabilité du chemin.

255. — Nul ne peut, sans y être préalablement autorisé, faire aucun ouvrage de nature à intéresser la conservation de la voie: passage temporaire ou permanent, barrage, écluse, tranchée, aqueduc, etc. L'autorisation impose au permissionnaire l'obligation d'entretenir constamment les ouvrages en bon état; elle est d'ail-

(1) C. pén., 471, 15°, 474; Cass., 23 février 1878, S. 79, 1, 43.

leurs révocable si cela est nécessaire dans un but d'utilité publique (1).

256. — Les puits ou citernes ne peuvent être établis à moins de 5 mètres de la voie publique dans la Seine-Inférieure et l'Orne, et à moins de 10 mètres dans l'Eure, le Calvados et la Manche (2).

257. — Pour les mares publiques ou particulières, la distance est de 3 mètres (3).

VII. — Chemins ruraux

258. — Les chemins ruraux, reconnus, appartiennent aux communes, et sont placés sous la seule autorité du maire.

C'est la Commission départementale, nommée par le Conseil général, qui prend des arrêtés pour fixer la direction et la largeur des chemins ruraux reconnus (4).

259. — Presque toujours la largeur est établie d'après les indications du plan cadastral.

(1) Cons. d'État 12 février 1885, S. 87, 3, 19.
(2) Règl., art. 172.
(3) Règl. art. 206.
(4) L. 20 août 1881, art. 4, 6, 9; Circ. 27 août 1881.

VIII. — Rues

260. — Les rues et places formant le prolongement d'une route ou d'un chemin vicinal, sont assimilées à ces voies ; les autres rues et places appartiennent au domaine public municipal (1).

Quand il y a lieu au nivellement, à la réparation, à l'entretien d'une rue, les riverains sont obligés de souffrir, sans indemnité, les incommodités et le préjudice qui en résultent pour eux.

261. — Le maire a toujours le droit d'ordonner la clôture des terrains ouverts longeant la voie publique (2).

262. — Les propriétaires et locataires de maisons sur la rue sont tenus de se conformer aux arrêtés municipaux relatifs au balayage.

C'est au propriétaire qu'incombe l'obligation du balayage lorsqu'il habite une partie de la maison ou y entretient un concierge ; dans le cas contraire, le locataire habitant la maison entière est tenu du balayage (3).

(1) Paris, 15 janvier 1880; Demolombe, IX, 457 *bis*.

(2) Cons. d'État, 19 novembre 1880, S. 88, 3, 41; Tr. Rouen, 11 mai 1882, R. 82, 216.

(3) Cass., 28 nov. 1868, S. 70, 1, 161; 29 mai 1880, S, 81, 1, 238.

Assez souvent, le balayage et l'entretien des trottoirs sont convertis en une taxe payable en numéraire (1).

263. — Les rues et passages ouverts sur un terrain privé conservent leur caractère propriété particulière et ne sont pas, au point de vue de la voirie, placés sous la surveillance de l'autorité municipale (2); mais lorsque ces voies ont été réellement ouvertes au public, les pouvoirs de l'autorité municipale pour la police, la sûreté et la salubrité, s'y appliquent (3).

264.—Il y a obligation pour les propriétaires d'immeubles urbains longeant la voie publique, de supporter les plaques indicatives du nom des rues et des numéros des maisons, l'établissement des réverbères, poteaux télégraphiques et autres charges d'utilité générale (4).

265. — Les arrêtés municipaux prescrivant la fermeture pendant la nuit des maisons, allées

(1) L. 25 juin 1841, art. 28; comp. Cass., 8 janvier 1895, S. 95, 1, 411.

(2) Cass.. 21 mai 1880, S. 87, 1, 111.

(3) Cass., 20 mai 1892, S. 91, 1, 62.

(4) Cass., 8 juillet 1890, S. 91, 1. 437; Huc, IV, 330.

et cours, sont obligatoires comme mesures de sûreté publique (1).

266. — Une rue ou autre voie publique sur laquelle un propriétaire a fait des ouvertures et travaux, ne peut être supprimée sans son consentement (2).

267. — Dans quelques villes, les façades des maisons doivent être grattées, repeintes ou badigeonnées au moins une fois tous les dix ans (3); dans les autres, il n'y a pas de règles précises, mais il serait désirable que cette prescription de propreté fût observée partout.

On ne peut entrer ici dans le détail des règlements particuliers des villes sur les constructions, réparations, et la voirie.

IX. — Télégraphie

268. — L'État a le droit, moyennant indemnité, d'établir des supports pour les lignes télégraphiques et téléphoniques : 1° A l'extérieur des murs ou façades donnant sur la voie pu-

---

(1) Cass., 12 janvier 1882.

(2) Caen, 7 juillet 1856, 27 avril 1857, 16 novembre 1874, R.75, 25 ; Cons. d'État, 4 décembre 1801, S. 93, 3, 119.

(3) Décr. 26 mars 1852, art. 5.

blique; 2° Sur les toits et terrasses des bâtiments, à la condition qu'on y puisse accéder par l'extérieur; 3° Sur le sol des propriétés non bâties et non fermées de murs ou autres clôtures équivalentes.

Il n'en résulte aucun obstacle au droit du propriétaire de démolir, réparer, surelever ou clore, mais il est obligé de prévenir un mois d'avance, par lettre chargée, le directeur départemental des télégraphes (1).

X. — Chemins de Fer

269. — Pour la sûreté de la circulation des chemins de fer, il est défendu : 1° D'élever aucune construction autre qu'un mur de clôture dans une distance de 2 mètres; 2° Lorsque la voie est en remblai de plus de 2 mètres au-dessus du terrain naturel, de pratiquer des excavations dans une zone de largeur égale à la hauteur verticale du remblai, mesurée à partir du pied du talus; 3° D'établir à une distance de moins de 20 mètres des couvertures en chaume, des meules de paille ou de foin, et aucun dépôt de matières inflammables ; 4° De déposer, à

(1) L. 28 juillet 1885, art. 3, 4 et 10.

moins de 5 mètres, des pierres ou objets non inflammables, à moins que la hauteur du dépôt n'atteigne pas celle du remblai du chemin de fer (1); 5° De faire des plantations sans autorisation, à moins de 6 mètres de la voie (2).

DEUXIÈME SECTION

SERVITUDES D'INTÉRÊT PRIVÉ

I. — Passage

270. — Le propriétaire dont les fonds sont enclavés et qui n'a sur la voie publique aucune issue, ou qu'une issue insuffisante pour l'exploitation, soit agricole, soit industrielle de sa propriété, peut réclamer un passage sur les fonds de ses voisins, à la charge d'une indemnité proportionnée au dommage qu'il peut occasionner (3).

Le point de savoir si l'enclave existe, est une pure question de fait dont la solution appartient

(1) L. 15 juillet 1845, art. 5 à 8, 11.
(2) Cons. d'État, 27 février 1891.
(3) C. civ., 682.

à l'appréciation souveraine du juge (1), ainsi :
1° Un terrain bordant la voie publique a pu être
déclaré enclavé, parce que la pente vers cette
voie excluait la possibilité d'établir un chemin
praticable (2) ; 2° Une prairie ayant accès en
suivant le lit d'un cours d'eau guéable n'offrant
aucune difficulté, ni danger, n'est pas encla-
vée (3).

271. — Du reste, le passage est dû seulement
à la surface des fonds, de sorte que pour une
mine ou carrière exploitée par des galeries souterraines, le propriétaire n'aurait pas le droit de
réclamer un passage dans le sous-sol du fonds
voisin, même en état de carrière (4).

272. — Régulièrement, le passage doit être
pris du côté où le trajet est le plus court du
fonds enclavé à la voie publique ; néanmoins, il
doit être fixé dans l'endroit le moins dommageable à celui sur le fonds duquel il est accordé (5).

(1) Cass., 17 janvier 1882, S. 82, 1, 206.
(2) Cass., 30 janvier 1884, S. 86, 1, 343 ; comp. Caen, 16 mars 1861
R. 61, 139.
(3) Rouen, 9 mai 1889, R. 89, 95.
(4) Cass., 10 novembre 1891, S. 93, 1, 311 ; Huc, IV, 394.
(5) C. civ., 683 ; comp. Rouen, 11 juin 1889, R. 60, 333.

En cas de difficultés sur le trajet le plus court ou l'endroit le moins dommageable, elles seront tranchées par expertise ou par le juge (1).

273.—Si l'enclave résulte de la division d'un fonds par suite d'une vente, d'un échange, d'un partage ou de tout autre contrat, le passage ne peut être demandé que sur les terrains qui ont fait l'objet de ces actes, excepté dans le cas où un passage suffisant ne pourrait être établi sur les fonds divisés (2).

274. — L'assiette et le mode de la servitude de passage pour cause d'enclave, sont déterminés par 30 ans d'usage continu.

L'action en indemnité est prescriptible, et le passage doit être continué, quoique l'action en indemnité ne soit plus recevable (3).

275.—Étant fondée sur une nécessité, le passage légal ne peut plus être réclamé, encore qu'il eût été exercé pendant plus de 30 ans, lorsque l'enclave vient à cesser, soit par l'établissement d'un chemin, soit par la réunion du

(1) Comp. Cass., 7 mai 1879, S. 80, 1, 73; Demolombe, XII, 623; Aubry et Rau, § 243, note 21; Huc, IV, 395.

(2) C. civ., 684.

3) C. civ., 685.

fonds originairement enclavé à un héritage communiquant à la voie publique (1). En pareil cas, l'indemnité qui aurait été payée pour le passage devrait être restituée (2).

276. — Sous la Coutume de Normandie, le *tour d'échelle* n'existait pas comme servitude légale, mais le bon voisinage accordait ce tour d'échelle et le passage pour la réparation des murs et des couvertures, moyennant indemnité à raison du préjudice éprouvé (3).

Le Code civil ne reconnaît pas la servitude légale de tour d'échelle; toutefois, si un propriétaire est dans l'impossibilité de faire à sa maison les réparations nécessaires sans passer sur le fonds voisin, il doit y être autorisé, sauf indemnité des dommages qui pourraient être causés (4).

(1) Rouen, 16 février 1844, 13 décembre 1862, S. 63, 2, 171; Aubry et Rau, § 243, note 33; Laurent, VIII, 110; Huc, IV, 398; — *Contrà*, Caen, 1er décembre 1845; Cass., 21 avril 1875, 21 novembre 1880, S. 81, 1, 222; Demolombe, XII, 642, disant que la servitude continue de subsister.

(2) Pardessus, 226; Solon, 332.

(3) Arrêt Parl., 4 août 1644; Godefroi, art. 607; Frigot, II, p. 396; Houard, *Dictionnaire*, V. Tour d'échelle; Flaust, II, 907.

(4) Bordeaux, 20 décembre 1836; Pardessus, 227; Solon, 342; Aubry et Rau, § 238, note 10; Demolombe, XI, 421; — *Contrà*, Duranton, V, 316; Laurent, VIII, 123; Huc, IV, 400.

277. — Toute personne peut passer sur les héritages bordant une voie publique devenue impraticable, quand même il serait, à cet effet, nécessaire de les déclore, et quelque soit d'ailleurs leur état de culture. L'indemnité due aux propriétaires des fonds traversés est, en pareil cas, à la charge de la commune (1).

278. — Le propriétaire d'un essaim d'abeilles est autorisé à le poursuivre sur le fonds où il s'est posé, et à s'en ressaisir (2).

279. — De même celui qui a eu des objets enlevés par les eaux peut aller les retirer dans les fonds où ils ont été entraînés (3).

II. — Ecoulement naturel des eaux

280. — Les fonds inférieurs sont assujettis envers les fonds plus élevés à recevoir, sans indemnité, les eaux qui en découlent naturellement, sans que la main de l'homme y ait contribué (4).

(1) L. 28 septembre-6 octobre 1791. tit. II, sect. III, art. 41 ; Cass., 9 décembre 1885, S. 86, 1, 153. — Ceci s'applique au chemin rural classé comme au chemin vicinal (Cass., 10 mai 1881, S. 82, 1, 50).

(2) L. 4 avril 1889, art. 9.

(3) Pardessus, 226.

(4) C. civ. 640.

Cette charge s'applique aux eaux pluviales et
à celles provenant de la fonte des neiges, comme
aux eaux d'infiltration et de source jaillissant
naturellement (1).

281. — Mais le propriétaire inférieur n'est
pas obligé de recevoir les eaux d'une source que
le propriétaire du fonds supérieur y a fait jaillir
par des fouilles ou par des sondages, ni, à plus
forte raison, les eaux ménagères ou industrielles (2).

S'il est impossible d'empêcher que les eaux
de cette catégorie s'écoulent sur le fonds inférieur, il y a lieu à indemnité pour le dommage
causé (3).

282. — Le propriétaire inférieur est tenu de
recevoir avec les eaux découlant naturellement,
les terres, sables ou pierres qu'elles entraînent,
sans pouvoir se plaindre du dommage en résultant pour son fonds (4).

Il lui est d'ailleurs interdit d'élever des digues
ou de faire tout autre travail qui, en empêchant

(1) Cass., 13 juin 1844; Pardessus, 83; Hue, IV, 272.
(2) Daviel, 901; Demolombe, XI, 26; Aubry et Rau, § 240, note 8.
(3) Cass., 13 mars 1827, 8 janvier 1834.
(4) Aubry et Rau, § 240, note 11; Demolombe, XI, 32.

l'écoulement naturel des eaux, les ferait refluer sur le fonds supérieur ou sur les héritages voisins (1).

Spécialement, si le propriétaire inférieur veut se clore par un mur, il devra pratiquer, à la partie inférieure, des ouvertures (ponceau, barbacanes), pour laisser aux eaux leur libre écoulement (2).

Au surplus, il ne serait pas tenu de faire disparaître les obstacles qui, s'étant formés naturellement sur un fonds, rendraient plus ou moins difficile l'écoulement des eaux (3).

283. — De son côté le propriétaire supérieur ne peut rien faire qui aggrave l'assujettissement du fonds inférieur, soit en donnant aux eaux un courant plus rapide, soit en les réunissant par des travaux (4), soit encore en les employant à des usages qui les corrompraient (5).

Mais, il faut entendre ceci de manière à laisser au propriétaire supérieur une certaine

(1) Cass., 4 juillet 1809, 22 janvier 1866, S. 66, 1, 68.

(2) Daviel, 702; Demolombe, XI, 32.

(3) Cass., 9 juillet 1883, S. 84, 1, 231

(4) Rouen, 15 février 1890, R. 90, 50.

(5) Cass., 3 août 1843, 11 décembre 1860, 5 décembre 1887, S. 90, 1, 331; Rouen, 18 mars 1839, 7 juin 1811; Caen, 19 avril 1889.

latitude pour l'exploitation et l'utilisation de son fonds, du moment où il n'en résulte pas un préjudice sérieux (1).

284. — La situation respective des propriétaires des fonds supérieurs et inférieurs, est susceptible de modification par l'effet soit d'une convention, soit de la prescription trentenaire (2).

Ainsi, le propriétaire inférieur acquerra par prescription un droit de servitude sur les eaux pluviales découlant du fonds supérieur, au moyen de travaux apparents exécutés par lui sur ce dernier fonds (3).

Il pourrait aussi se trouver libéré par prescription de la charge de recevoir ces mêmes eaux, par l'établissement sur son fonds d'un barrage les faisant refluer sur le fonds supérieur (4).

285. — Les propriétaires de terrains contigus à une voie publique ne sont pas tenus légalement de recevoir les eaux de toute nature qui

---

(1) Cass., 19 avril 1886, 7 janvier 1895, S. 95, 1, 80 ; Demolombe, XI, 39 ; Daviel, 757.

(2) Rouen, 27 mars 1890, R. 90, 101.

(3) Cass., 9 juillet 1883, S. 84, 1, 231.

(4) Cass., 10 novembre 1886, S. 90, 1, 447.

découlent de cette voie, alors que le niveau en a
été disposé par la main de l'homme ou qu'elles
sont recueillies artificiellement dans des cani-
vaux (1).

III. — Irrigations

286. — Tout propriétaire qui veut se servir,
pour l'irrigation de ses propriétés, des eaux naturelles ou artificielles dont il a le droit de disposer, peut obtenir le passage de ces eaux sur
les fonds intermédiaires, à la charge d'une juste
et préalable indemnité. Sont exceptés de cette
servitude les maisons, cours, jardins, parcs et
enclos attenant aux habitations (2).

287. — La faculté de demander le passage
des eaux, — servitude d'aqueduc — n'appartient
qu'au propriétaire des fonds à irriguer, et non
au fermier (3).

288. — Cette servitude ne s'applique pas au
passage des eaux qui seraient affectées à des
usages domestiques ou industriels (4).

(1) Rouen, 6 août 1867, 22 février 1880, R. 80, 19; Daviel, 764.

(2) L. 29 avril 1845, art. 1; comp. Cass., 29 mai 1877, S. 78, 1, 30.

(3) Aubry et Rau, § 211, note 4; Bertin, p. 64.

(4) Cass., 29 juin 1859, S. 50, 1, 766; Demolombe, XI, 205; Laurent, VII, 382; — *Contrà*, Proud'hon et Dumay, IV, 1452.

289. — Les tribunaux sont chargés d'apprécier l'utilité de l'opération d'irrigation pour accorder le passage en déterminant le volume d'eau nécessaire, comme aussi pour rejeter la demande lorsqu'elle parait présenter plus d'inconvénients que d'avantages (1).

290. — D'un autre côté, les propriétaires des fonds inférieurs sont obligés de recevoir les eaux s'écoulant des terrains supérieurs dans lesquels elles ont été amenées pour les besoins de l'irrigation (2).

291. — La servitude d'écoulement n'est accordée que sauf l'indemnité qui peut être due, et pour la fixation de laquelle on doit prendre en considération les avantages à retirer des eaux par les propriétaires inférieurs (3).

292. — C'est le propriétaire des terrains irrigués qui doit faire à ses frais, sur les terrains inférieurs, les travaux nécessaires pour faciliter l'écoulement et diminuer autant que possible les dommages (4).

(1) Cass., 8 novembre 1854, S. 55, 1, 19; Demolombe, XI, 204.
(2) L. 1845, art. 2.
(3) Demolombe, XI, 216; Aubry et Rau, § 211, note 19.
(4) Demolombe, XI, 218.

293. — Enfin la servitude d'écoulement n'affecte pas les maisons, cours, jardins, parcs et enclos attenant aux habitations (1).

294. — Celui qui veut se servir pour l'irrigation de ses propriétés, quelle qu'en soit la nature (2), des eaux naturelles ou artificielles dont il a le droit de disposer, peut obtenir la faculté d'appuyer sur la propriété du riverain opposé les ouvrages d'art nécessaires à sa prise d'eau, à la charge d'indemnité préalable.

295. — Sont exceptés de cette servitude d'appui, les bâtiments, cours et jardins attenant aux habitations (3).

296. — Le riverain sur le fonds duquel l'appui est réclamé, a toujours la faculté de demander l'usage commun du barrage, en contribuant pour moitié aux frais d'établissement et d'entretien ; aucune indemnité n'est respectivement due en ce cas, et celle qui aurait été payée doit être rendue.

Quand l'usage commun n'est réclamé qu'après le commencement ou la confection des travaux,

(1) L. 1815, art. 2.
(2) Cass., 20 décembre 1853, S. 54, 1, 250.
(3) L. 11 juillet 1847, art. 1.

celui qui le demande doit supporter seul l'excédant de dépenses occasionné par les changements à faire au barrage pour le rendre propre à l'irrigation des deux rives (1).

297. — Les contestations auxquelles donneraient lieu les travaux et les indemnités relatives à l'irrigation, sont de la compétence des tribunaux civils, qui procèdent comme en matière sommaire, et peuvent, s'il y a lieu à expertise, nommer un seul expert (2).

IV. — Drainage.

298. — Pour assainir son fonds par le drainage ou autre mode d'assèchement, tout propriétaire a la faculté, moyennant une juste et préalable indemnité, d'en conduire les eaux souterrainement ou à ciel ouvert, à travers les propriétés (pourvu qu'elles ne consistent pas en maisons, cours, jardins, parcs et enclos attenant aux habitations) qui séparent ce fonds d'un cours d'eau ou de toute autre voie d'écoulement (3).

(1) L. 1817, art. 2.
(2) L. 29 avril 1815, art. 4; L. 11 juillet 1817, art. 3; Rouen, 20 août 1873, S. 74, 2, 21.
(3) L. 29 avril 1845, art. 3; L. 10 juin 1854, art. 1.

299. — Les propriétaires de fonds voisins ou traversés, ont la faculté de se servir, pour l'écoulement des eaux de leurs fonds, des travaux de drainage faits par un autre propriétaire, à la charge par eux de supporter : 1º Une part proportionnelle dans la valeur des travaux dont ils profitent ; 2º Les dépenses résultant des modifications que l'exercice de cette faculté peut rendre nécessaires ; 3º Et, pour l'avenir, une part contributive dans l'entretien des travaux devenus communs (1).

300. — Les associations de propriétaires qui veulent, au moyen de travaux d'ensemble, assainir leurs propriétés par le drainage, ou tout autre mode d'assèchement, ont la faculté de demander à être constitués en syndicats, par arrêtés préfectoraux, afin que les travaux qu'elles voudraient exécuter puissent être déclarés d'utilité publique (2).

301. — En ce qui concerne les contestations auxquelles donnent lieu le mode d'assèchement et l'exercice de la servitude, la fixation du parcours des eaux, l'exécution des travaux de drai-

(1) L. 1854, art. 2.
(2) L. 10 juin 1854, art. 3 et 4 ; comp. L. 21 mai 1865.

nage ou d'assèchement, les indemnités et les frais d'entretien, elles sont en premier ressort de la compétence du juge de paix du canton qui doit, en prononçant sur les difficultés dont il est saisi, concilier les intérêts de l'opération avec le respect dû à la propriété (1).

V. — Eau de source

302.—Celui qui a une source dans son fonds est libre d'en user à sa volonté : il a le droit d'absorber entièrement les eaux ou de les détourner de leur cours naturel, sans que les propriétaires voisins ou inférieurs puissent s'y opposer (2).

303. — Tout propriétaire peut faire, dans son fonds, les fouilles et sondages qu'il juge à propos : les eaux qu'il a amenées à la surface lui appartiennent (3), et si les travaux coupent les veines qui portaient l'eau dans d'autres fonds, il n'en est nullement responsable (4).

304. Le propriétaire de la source n'a plus

(1) L. 1854, art. 5 ; comp. Cass., 11 décembre 1800), S. 61, 1, 663.
(2) C. civ., 641 ; Cass., 29 avril 1873, S. 73, 1, 377.
(3) Cass., 4 décembre 1800, S. 61, 1, 623.
(4) Cass., 9 juillet 1857, 8 février 1808, S. 58, 1, 193.

la liberté d'en disposer au préjudice du propriétaire inférieur, lorsque celui-ci a acquis contre lui un droit à l'usage de l'eau, par titre, par prescription ou par destination du père de famille (1).

305. — Nécessairement le titre doit émaner du propriétaire de la source (2).

306. — La prescription résulte d'une jouissance non interrompue pendant l'espace de trente années, à compter du jour où le propriétaire du fonds inférieur a fait et terminé sur le fonds supérieur (3) des ouvrages apparents destinés à faciliter la chute et le cours de l'eau dans sa propriété (4).

307. — Cette condition n'est exigée que dans l'intérêt du fonds supérieur, lui-même, et non dans celui du propriétaire d'un fonds contigu intermédiaire qui prétendrait à l'usage exclusif des eaux (5) ; pour lui, il ne s'agit plus d'une source. mais bien d'eau courante.

(1) C. civ., 641, 642.
(2) Cass., 8 mars 1887, S. 88, 1, 109.
(3) Cass., 4 mars 1885, S. 88, 1, 109.
(4) C. civ., 642, 2229 ; Cass., 27 novembre 1888, S. 89, 1, 101.
(5) Caen, 2 mars 1870, R. 70, 155.

308. — Si le fonds sur lequel la source naît et prolonge son cours est morcelé par vente ou partage, l'état des choses existant ou moment de la séparation et que les parties ont réciproquement accepté, doit, en général, être maintenu à titre de destination du père de famille (1).

309. — Dans le cas où le propriétaire de la source a laissé couler l'eau qui s'est formé un lit, un véritable cours à travers les propriétés inférieures; le propriétaire de la source conserve néanmo'ns le droit de disposer de l'eau à son gré (2), sans que les riverains inférieurs puissent s'y opposer, à moins d'avoir à invoquer un titre ou la destination du père de famille.

Mais lorsqu'une source est captée par une ville pour l'alimentation de ses fontaines, les riverains, particulièrement les usiniers, du cours d'eau qu'elle avait formé, ont toujours une indemnité qui est fixée par le Conseil de préfecture (3).

310. — Quand l'eau de la source est néces-

---

(1) Cass., 11 février 1882, S. 83, 1, 253.

(2) Cass., 9 décembre 1862, 23 janvier 1867, S. 67, 1, 125; Daviel, 775, 776; Demolombe, XI, 80; — *Contrà*, Rouen, 16 juillet 1857; Arrêt cassé le 8 février 1858, S. 58, 1, 193.

(3) Cons. d'État 11 mai 1883, 5 mai 1893, 9 août 1893, S. 95, 3, 79.

saire aux habitants d'une commune, village ou hameau, pour la consommation des hommes ou du bétail, le propriétaire se trouve privé du droit d'en changer le cours ; mais, si les habitants n'en ont pas acquis ou prescrit l'usage, ils doivent une indemnité, évaluée eu égard au préjudice qu'éprouve le propriétaire de la source (1).

311. — Le droit appartenant à tout propriétaire de faire des fouilles dans son fonds subsiste, alors même que le résultat en serait de détourner les eaux souterraines alimentant une fontaine nécessaire à une commune (2).

Cependant, une autorisation administrative est nécessaire pour faire des fouilles ou sondages dans un fonds faisant partie du périmètre de protection d'une source d'eau minérale déclarée d'utilité publique (N° 96).

VI. — Eau de pluie

312. — L'eau de pluie appartient au propriétaire du terrain sur lequel elle tombe ; il a le droit de la retenir sur son fonds, de la céder à un tiers, ou de la laisser couler sur les fonds

(1) C. civ., 643; Caen, 16 août 1883, R. 84, 45.
(2) Cass., 26 août 1856.

inférieurs, suivant la pente naturelle du terrain (1).

313.—Évidemment, le propriétaire supérieur peut s'interdire le droit de disposer des eaux pluviales au détriment des propriétaires de fonds inférieurs (2).

314.—Il est défendu au propriétaire du fonds sur lequel tombe l'eau de pluie, de faire aucun travail pour déverser sur le fonds du voisin l'eau qui n'y coulerait pas naturellement (3).

315.—L'eau de pluie tombant ou coulant sur la voie publique, devient la propriété du premier occupant (4), à moins que l'administration n'ait concédé à un particulier l'usage exclusif de cette eau (5).

316.—Les travaux faits par un riverain pour s'approprier l'usage de l'eau de pluie coulant sur la voie publique, ne privent pas les autres ri-

---

(1) Pardessus, 79 ; Solon, 46 ; Demolombe, XI, 105 ; comp. Caen, 26 février 1811, S. 11, 2, 335.

(2) Caen, 22 février 1856, S. 57, 2, 402 ; Pardessus, 103.

(3) Aubry et Rau, § 195 ; Demolombe, XI, 25.

(4) Cass., 30 octobre 1835 ; Demolombe, XI, 115.

(5) Aubry et Rau, § 245, note 5 ; Pardessus, 79 ; Daviel, III, 802 ; — *Contrà*, Demolombe, XI, 116.

verains du droit d'exécuter de semblables travaux (1), sauf convention contraire entre les riverains (2).

VII. — Eau courante

317.—On entend par eau courante les petites rivières et ruisseaux, ce qui exclut : 1° Les rivières navigables ou flottables dépendant du domaine public; 2° Les canaux, étangs et réservoirs constituant des propriétés privées.

Le lit et le cours des rivières non navigables ni flottables, et même des ruisseaux, sont des choses qui n'appartiennent à personne, 'et les riverains n'ont pas d'autres droits que ceux qui leur sont nommément concédés par les lois (3).

318.—Celui dont le fonds est traversé par un cours d'eau, a la faculté d'en user comme bon lui semble, et même de le détourner, tant pour l'irrigation que pour tous autres usages d'utilité

(1) Caen, 22 avril 1863; Aubry et Rau, § 215, note 6.

(2) Cass., 13 janvier 1891, S. 91, 1, 302; Caen, 22 février 1858, S. 57, 2, 201.

(3) C. civ., 714; Inst. 12-20 août 1790, art. 26; Cass., 10 juin 1846, 17 juin 1850, 6 mai 1861, 22 décembre 1886, S. 87, 1, 477; Rouen, 3 janvier 1806, S. 66, 2, 152; Aubry et Rau, § 168, note 10; Huc, IV, 157, 158; — *Contrà*, Agen, 4 mars, 1856; Demolombe, X, 142.

ou d'agrément, à la charge de rendre l'eau à son cours ordinaire à la sortie de son fonds (1).

Le propriétaire traversé par un cours d'eau, est assurément libre d'appuyer sur les deux rives tous ouvrages qu'il juge nécessaire d'établir pour user de l'eau (2).

319. — Quant à celui dont la propriété borde seulement une eau courante, il peut s'en servir pour l'irrigation.

320. — Si la propriété vient à être divisée par vente, échange ou partage, l'usage des eaux profite aux parcelles devenues non riveraines (3), surtout lorsque la réserve en est faite dans l'acte.

321. — Le riverain d'un seul côté est autorisé à acquérir le droit d'appui sur le bord du riverain latéral, pour faciliter un travail sérieux d'irrigation (4).

322. — On ne peut refuser au riverain d'un seul côté le droit : 1° De se servir de l'eau pour

(1) C. civ., 644; Rouen, 20 décembre 1876, R. 77, 47.

(2) Cass., 25 novembre 1857, S. 58, 1, 455; Demolombe, XI, 165.

(3) C. civ., 644; Besançon, 4 juillet 1840, S. 43, 1, 319; Demolombe, XI, 151; Aubry et Rau, § 246, note 11; Proudhon, 1259; Daviel, 770; — *Contrà*, Pardessus, 106; Huc, IV, 280.

(4) L. 11 juillet 1847, art. 2; Cass., 11 avril 1890.

de simples usages domestiques (1); 2° D'user de l'eau pour son industrie, à la condition de ne pas nuire aux autres riverains (2); 3° De pêcher jusqu'au milieu du cours d'eau (3); 4° D'extraire le limon et de récolter les roseaux, ce qui est une sorte d'indemnité pour le curage qu'il est obligé de faire quand l'administration départementale le prescrit (4).

323. — Les riverains d'un côté ou même des deux côtés ne peuvent : 1° Établir des ouvrages qui feraient refluer l'eau sur les fonds riverains (5); 2° Déverser des immondices, débris d'usines ou autres matières nuisibles à la pureté de l'eau (6); 3° s'opposer au passage des bateaux (7).

324. — Le droit des riverains sur les eaux

(1) Cass., 10 décembre 1862, S. 63, 1, 77.

(2) Cass., 4 mai 1887, 17 janvier 1888, S. 88, 1, 119.

(3) L. 15 avril 1829, art. 2.

(4) L. 11 floréal an XI; Décc. 30 pluviôse an XIII; Cass., 20 février 1853, S. 83, 1, 177.

(5) Cass., 26 mars 1811; Caen, 22 mai 1866, R. 68, 300; Demolombe, XI, 170.

(6) Cass., 27 avril 1857; Rouen, 21 janvier 1863, R. 63, 221.

(7) Cass., 8 mars 1765; Rouen, 3 janvier 1866, S. 66, 2, 152; Demolombe, X, 147.

courantes ne périt point par le non usage durant un temps plus ou moins long (1).

Néanmoins, il ne saurait être exercé au préjudice de personnes ayant obtenu par titre ou par prescription, l'usage partiel ou exclusif des eaux (2).

La prescription de l'usage exclusif d'un cours d'eau ne s'établit qu'à l'aide d'un barrage permanent (3).

325. — Du reste, les propriétaires riverains d'un cours d'eau sont toujours libres de déroger, par des conventions particulières, au droit naturel d'user des eaux pour l'abreuvage du bétail (4).

326. — Les droits d'usage conférés aux riverains des cours d'eau ne peuvent s'exercer au détriment des concessions antérieures à 1789, faites à des particuliers, riverains ou non, notamment pour des moulins (5).

327. · · A l'égard des concessions faites et des autorisations données depuis 1789, par l'au-

(1) Caen, 16 décembre 1876.
(2) Cass., 11 janvier 1881, 5 juillet 1881 ; Rouen, 24 juillet 1873 ; Caen, 6 juillet 1851, 16 décembre 1876, R. 77, 61.
(3) Caen, 31 janvier 1810, R. 39, 630.
(4) Rouen, 1er juin 1881, R. 82, 1.
(5) Caen, 19 août 1837, S. 38, 2, 25 ; Cons. d'État, 15 mai 1811.

torité administrative, soit pour l'établissement d'usines, soit pour la dérivation des eaux, elles ont seulement pour effet de modifier le droit des riverains, sans les priver de la faculté de réclamer des dommages-intérêts pour le préjudice qu'ils éprouvent (1).

Avant de prendre un arrêté révisant le règlement d'un barrage, le préfet doit faire procéder à une enquête dans toutes les communes intéressées (2).

La mission de l'administration préfectorale a pour but de régler l'usage des eaux dans l'intérêt de tous, par la disposition des écluses, barrages et autres travaux destinés à assurer une bonne répartition des eaux (3).

328. — D'un autre côté, les Tribunaux civils sont appelés à trancher les difficultés qui s'élèvent entre les propriétaires, lorsqu'il n'existe ni conventions entre parties, ni règlements administratifs généraux (4).

(1) Cass., 12 octobre 1886, 19 mars 1890 ; Caen, 13 juillet 1878, R. 79, 265.

(2) Décr. 25 mars 1852, tableau D ; Cons. d'État, 1er mars 1890.

(3) L. 12-20 août 1790, ch. VI, § 3 ; Cons. d'État, 21 juin 1806, 3 août 1806.

(4) C. civ., 645 ; Cass., 16 mai 1876, 19 juin 1877, 23 mars 1891, S. 95, 1, 11.

Pour la décision de ces contestations, les Tribunaux doivent d'abord respecter les droits acquis, par titre, par destination du père de famille ou par prescription (1). Ensuite la masse fluide sera répartie proportionnellement aux besoins de chaque fonds (2).

329. Les juges pourront ordonner la construction d'ouvrages destinés à garantir aux parties le libre exercice de leurs droits, fixer les jours et heures pendant lesquels chaque propriétaire pourra irriguer, et prendre telles autres mesures qu'ils aviseront (3).

VIII. — Canaux privés

330. — Les réservoirs et canaux particuliers ne sont soumis à aucuns droits de prise d'eau, d'appui ni de barrage au profit des propriétaires riverains (4).

Notamment pour les usines, la propriété du canal d'amenée, du lit et de ses bords, comme

(1) C. clv., 615; Cass., 19 décembre 1887, S. 88, 1, 149.

(2) Cass., 19 juin 1877, S. 78, 1, 53.

(3) Cass., 8 janvier 1868, 11 mai 1868, S. 68, 1, 285.

(4) C. clv., 546 ; Cass., 22 février 1843, 18 août 1863, 4 février 1873 ; Caen, 13 août 1885, R. 86, 65.

du canal de fuite, doit être présumée appartenir au propriétaire de l'usine (1).

Cette présomption de propriété peut être combattue par titre (2).

331. — Le propriétaire d'un canal d'alimentation d'usine est tenu de l'entretien des berges et de la réparation des dommages que les eaux causent aux riverains (3).

332. — La largeur des bords appartenant à l'usinier se détermine d'après la possession respective des parties (4).

333. — Les riverains d'un canal artificiel peuvent acquérir un droit de prise d'eau, soit par titre, soit encore par prescription, toutes les fois qu'ils ont pratiqué dans le canal des travaux destinés à faciliter la chute et le cours de l'eau dans leurs héritages (5), ou son usage, par une vanne d'irrigation, un lavoir (6).

La présomption de propriété des canaux de

(1) Caen, 3 février 1877, 15 juillet 1881, R. 82, 29; Cass., 9 juin 1868, S. 69, 1, 311.

(2) Rouen, 16 juillet 1370, R. 70, 206.

(3) Caen, 3 juillet 1833, 9 janvier 1843, R. 43, 55.

(4) Cass., 27 mars 1832.

(5) Caen, 3 janvier 1881, R. 85, 131.

(6) Caen, 3 juillet 1833, R. 41, 413.

main d'homme est étrangère au canal rectificatif du lit d'une rivière (1), et au canal dans lequel le trop plein du bief du moulin est déversé pour servir à l'irrigation des fonds qu'ils traverse (2).

IX, — Canaux d'intérêt général

334. — En dehors des canaux de navigation et des canaux privés, il existe une catégorie de canaux d'intérêt général pour l'irrigation, le dessèchement, etc. (3).

Ces derniers sont construits et entretenus par des associations syndicales autorisées (4).

335. — Les propriétaires qui ne voudraient pas adhérer à l'association peuvent, dans le délai d'un mois, déclarer à la préfecture qu'ils entendent délaisser, moyennant indemnité, les terrains leur appartenant et compris dans le périmètre des travaux à exécuter.

L'indemnité est fixée comme en matière d'expropriation publique (5).

(1) Caen, 13 février 1880, 13 août 1885, R. 86, 65 ; Cass., 7 juin 1893, S. 93, 1, 202.

(2) Cass., 8 novembre 1822, S. 70, 1, 129 ; D. 70, 1, 163.

(3) L. 11 floréal an XI, 16 septembre 1807, 10 juin 1854.

(4) L. 21 juin 1865, 22 décembre 1888.

(5) L. 21 mai 1836, art. 16.

336. — Des servitudes peuvent être établies au profit des associations syndicales pour la conduite et l'écoulement des eaux, le passage, etc. (1).

(1) L. 21 juin 1865, art. 19.

CHAPITRE QUATRIÈME

SERVITUDES ÉTABLIES PAR L'HOMME

337. — La servitude est une charge imposée sur un héritage pour l'usage, l'utilité ou l'agrément d'un héritage appartenant à un autre propriétaire (1).

L'héritage auquel la servitude est due s'appelle *fonds dominant ;* celui qui la doit est désigné sous le nom de *fonds servant* ou *fonds assujetti.*

Il n'y a de véritables servitudes que celles résultant du fait de l'homme : toutes les autres appelées naturelles ou légales constituent le droit commun de la propriété foncière, et sont plutôt des limitations normales de la propriété que des servitudes proprement dites (2).

I. — Divisions des servitudes

338. — Tout propriétaire peut imposer à son héritage, au profit d'un héritage appartenant à

(1) C. civ., 637.
(2) C. civ., 639, 649.

un autre propriétaire, telles servitudes que bon lui semble, pourvu que les services ne présentent rien de contraire à l'ordre public et ne soient ni imposés à la personne, ni créés en faveur de la personne (1).

Ainsi, le droit de chasse ou de pêche sur un fonds peut bien être établi au profit d'une personne déterminée, durant sa vie, mais il ne saurait être réservé à perpétuité au profit des propriétaires successifs d'un domaine (2).

Il en est de même du droit de moudre gratuitement dans un moulin, le blé nécessaire à la consommation d'un ménage (3).

339. — Que les servitudes soient urbaines ou rurales, c'est-à-dire établies en faveur d'un bâtiment ou d'un fonds de terre, leur effet ne diffère pas (4).

340. — Les servitudes se divisent en continues et discontinues : les premières sont celles dont l'usage peut être continuel sans le fait actuel de l'homme, comme les vues, les égouts ;

(1) C. civ., 686; comp. Caen, 17 février 1837, R. 37. 187.

(2) Cass., 9 janvier 1891, S. 91, 1, 489; 10 janvier 1893, S. 93, 1, 185.

(3) Pau, 16 juin 1890, S. 92, 2, 213; — *Contrà*, Cass., 6 juillet 1874, S. 75, 1, 108.

(4) C. civ., 687; Demolombe, XII, 705; Aubry et Rau, § 248, note 2.

les servitudes discontinues sont celles dont l'usage consiste dans des faits successifs exercés par le propriétaire dominant, tels sont les droits de passage, puisage (1).

341. — Les servitudes sont apparentes ou non apparentes : on entend par servitudes apparentes celles qui s'annoncent par des ouvrages extérieurs, tels que portes, fenêtres, aqueducs ; et par servitudes non apparentes, celles qui n'ont pas de signe extérieur de leur existence, telle est la prohibition de bâtir ou d'élever un bâtiment au-delà d'une hauteur déterminée (2).

342. — Il y a des servitudes continues et apparentes : vues, égout des toits ; des servitudes continues, non apparentes : aqueduc souterrain, interdiction de bâtir ; des servitudes discontinues apparentes : passage s'annonçant par un chemin macadamisé ; et des servitudes discontinues non apparentes : abreuvage, pacage (3).

343. — On peut encore distinguer les servitudes en positives et négatives : la servitude

(1) C. civ., 688.
(2) C. civ., 689.
(3) Comp. C. civ., 690, 691.

positive donne au propriétaire du fonds dominant le droit de faire quelque close, par exemple, de passer; la servitude négative lui permet
seulement d'exiger que le propriétaire du fonds
servant s'abstienne de certains actes, comme de
bâtir (1).

La classification des servitudes forme la base
de tout le système de la législation sur l'acquisition et l'extinction des servitudes.

II. — Établissement des servitudes

344. — Toutes les servitudes dérivant du fait
de l'homme, sont susceptibles de s'établir par
titre; à défaut de titre, il peut y être suppléé,
dans certains cas, soit par la prescription, soit
par la destination du père de famille (2).

1° Titres

345. — Le titre constitutif de la servitude s'entend d'un acte de vente, donation, partage, testament, etc.

346. — A l'égard des tiers, les actes entre-vifs

(1) Aubry et Rau, § 248, notes 14 et 15 ; Baudry-Lacantinerie, I,
1500.

(2) C. civ., 690 à 694.

constitutifs de servitudes, sont soumis à la trans-cription hypothécaire (1); entre les parties et leurs héritiers, cette formalité n'est pas néces-saire.

347. — Pour constituer une servitude, il faut être capable d'aliéner le fonds qu'il s'agit de grever.

Ainsi, le mari n'a pas capacité de grever les biens de la femme, ni l'usufruitier les immeu-bles dont il a la jouissance, ou, du moins, ils ne le peuvent que pour la durée de leur droit d'ad-ministration.

348. — Celui au profit de qui a lieu la cons-titution de servitude, doit être propriétaire d'un fonds distinct du fonds servant et suffisamment rapproché de ce dernier, pour pouvoir jouer le rôle de fonds dominant.

349.—L'existence d'une servitude constituée par titre peut être prouvée, soit par l'acte pri-mitif, soit au moyen d'un acte de reconnaissance émanant du propriétaire de l'héritage grevé (2), soit par l'aveu de la partie, soit enfin par témoins

(1) L. 23 mars 1855, art. 2.
(2) C. civ., 695.

et présomptions, s'il existe un commencement
de preuve par écrit (1).

Il n'est pas nécessaire que l'acte recognitif
d'une servitude soit accepté par le propriétaire
de l'héritage dominant. Par exemple, le voisin
vend son fonds à un tiers, et, dans l'acte de
vente, il déclare à son acquéreur que ce fonds
est grevé d'une servitude de passage, établie dans
telles conditions au profit de telle personne; cette
clause pourra être invoquée par le propriétaire
dominant (2).

350. — L'usage et l'étendue de la servitude
se règlent par le titre et avec les tempéraments
voulus par les habitudes locales; en cas de doute,
l'interprétation du titre appartient aux tribunaux (3).

2° *Prescription*

351. — A défaut de production du titre de la
servitude, si cette servitude est continue et ap-

---

(1) Cass., 16 juin 1800, S. 90, 1. 385; Caen, 18 mai 1876, 9 novembre 1876, R. 77, 57.

(2) Cass., 16 novembre 1829, 23 mai 1855, S. 57, 1, 123 ; Rouen,
20 mars 1808, R. 68, 80; Demolombe, XII, 757 *bis*; Pardessus, 200 ;
Solon, 302.

(3) C. civ., 688, 703.

parente, le titulaire pourra invoquer la prescription de trente ans (1).

352. — Pour les servitudes apparentes et discontinues, comme pour celles continues mais non apparentes, la prescription, même immémoriale, ne saurait les faire acquérir (2).

Toutefois, rien n'empêche qu'on acquière par la presciption la copropriété d'un terrain uniquement affecté à l'usage d'une servitude, par exemple d'un passage sur lequel des travaux d'empierrement auraient été faits (3).

353. — Du reste, on ne peut attaquer aujourd'hui les servitudes discontinues, apparentes ou non apparentes, acquises par la possession avant le Code de 1804 (4); mais cette disposition est étrangère à la Normandie, dont la coutume n'admettait nulle servitude sans titre (5).

354. A l'égard du tiers détenteur, comme à l'égard de tous autres, la prescription trente-

(1) C. civ., 690, 2262.
(2) C. civ., 691 ; Cass., 6 juillet 1891, S. 92, 1, 55.
(3) Cass., 26 décembre 1871, 7 février 1883, S. 84, 1, 339).
(4) C. civ., 691.
(5) Cout. Norm., 607.

naire est la seule permettant d'acquérir une servitude (1).

355. — Les actes de bon voisinage, de tolérance ne peuvent servir de fondement à la prescription (2).

Cependant l'autorisation donnée d'établir une ouverture ou toute autre servitude continue et apparente, sous la condition de la supprimer sur simple invitation, présenterait un danger soit en cas de perte de l'écrit, soit en cas de vente de la propriété pour laquelle la tolérance a été accordée.

3° Destination du Père de famille

356. — La destination du père de famille est l'acte, le fait, par lequel le propriétaire de deux héritages établit entr'eux un rapport qui constituerait une servitude s'ils appartenaient à deux maîtres différents.

357. — Pour les servitudes continues et apparentes, la destination du père de famille vaut

(1) Cass., 10 décembre 1831; Caen, 10 mars 1855, R. 55, 176; Solon, 397; Demolombe, XII, 781.

(2) C. civ., 2232.

titre, lorsqu'il est prouvé que les deux fonds actuellement divisés ont appartenu au même propriétaire, et que c'est par lui que leschoses ont été mises dans l'état duquel résulte la servitude (1).

358. — En ce qui concerne les servitudes apparentes mais discontinues, lorsque par suite d'un acte d'aliénation ou de disposition, deux héritages appartenant au même propriétaire sont divisés, et qu'au moment de leur séparation il existe entre eux un signe apparent et précis de servitude, la charge manifestée par ce signe, revêt désormais le caractère de servitude, pourvu que l'acte d'aliénation ou de disposition ne renferme aucune convention spéciale portant le contraire (2).

Parmi les servitudes apparentes et discontinues établies par le père de famille, on peut citer l'évier, la fosse à fumier, la prise d'eau, le passage, etc. (3).

(1) C. civ., 692, 693; Caen, 23 janvier 1843, R. 43, 83; Cass., 8 mai 1895, S. 95, 1, 272.

(2) C. civ., 694; Cass., 8 novembre 1886, 1er août 1887, S. 87, 1, 455; Caen, 6 décembre 1861, R. 62, 155; Rouen, 29 mars 1869, 16 juillet 1885; comp. Cass., 19 juin 1853, 3 octobre 1894, S. 95, 1, 111.

(3) Cass., 17 février 1875, 13 juillet 1885, 1er août 1887, précité.

359. — Les juges apprécient en fait s'il existe un signe permanent et suffisamment apparent de la servitude (1).

III. — Droits du propriétaire dominant

360. — Le propriétaire ou usufruitier (2) de l'héritage dominant exerce son droit dans toute l'étendue que comportent, d'après l'usage local, les servitudes du genre de celle qui se trouve établie au profit de cet héritage.

Toute servitude emporte avec elle la faculté d'exercer les servitudes accessoires qui sont indispensables à l'usage de la servitude principale. Ainsi, l'établissement d'une servitude de puisage entraîne le droit au passage nécessaire pour arriver au puits servant (3).

361. — Celui auquel une servitude est due, a le droit de faire tous les ouvrages nécessaires pour en user et pour la conserver (4).

Ces ouvrages sont à ses frais et non à ceux du

(1) Caen, 8 juin 1810, 25 novembre 1811 ; Rouen, 27 janvier 1881, S. 81, 2, 165 ; comp. Cass., 27 avril 1887, S. 90, 1, 179.

(2) C. civ., 597 ; comp. Caen, 13 novembre 1885, S. 87, 2, 161.

(3) C. civ., 696.

(4) C. civ., 697,

propriétaire du fonds assujetti, à moins qu'ils n'aient été rendus nécessaires par le fait de ce propriétaire (1).

362. — Dans le cas même où le propriétaire du fonds servant est chargé, par le titre, de faire à ses frais les ouvrages nécessaires pour l'usage ou la conservation de la servitude, il peut toujours s'affranchir de la charge par l'abandon au propriétaire du fonds dominant, de la partie du fonds assujetti nécessaire pour l'exercice de la servitude (2).

Cet abandon est fait par acte soumis à la transcription hypothécaire (3).

363. — La servitude ne saurait être détachée, sous une forme quelconque, du fonds dominant, pour être reportée sur d'autres fonds appartenant soit à des tiers, soit même au propriétaire de l'héritage dominant (4). Elle suit toujours le fonds dominant, dans lequel elle se

(1) C. civ., 608; Caen, 26 mai 1837, R. 37, 410.

(2) C. civ., 699; Huc, IV, 432; Duranton, V, 615; Aubry et Rau, § 253, note 10. — La partie du fonds assujettie n'est pas toujours facile à déterminer; il faut apprécier les circonstances en équité (Pardessus, 316; Demolombe, XII, 882).

(3) L. 23 mars 1855, art. 2.

(4) Aubry et Rau, § 253, note 13.

confond, sans pouvoir être vendue ni louée séparément (1).

364. — L'exercice de la servitude ne doit pas excéder les besoins de l'héritage dominant, eu égard à son étendue à l'époque où elle a été constituée (2).

365. — De même encore, la servitude ne peut être exercée que pour les besoins en vue desquels elle a été établie; par exemple, celui qui a une servitude de prise d'eau pour l'irrigation, n'est pas autorisé à en user pour l'alimentation d'une usine (3).

366. — Le propriétaire dominant, tout en n'usant de la servitude que pour les besoins en vue desquels elle a été créée, est, en outre, tenu de s'abstenir de tous changements de nature à aggraver la condition du fonds servant (4).

367. — D'ailleurs, les règles précédentes sont susceptibles de certaines modifications résultant

(1) Caen, 9 mai 1823; Pardessus, 33; Demolombe, XII, 670, 847.

(2) Caen, 5 décembre 1827; Aubry et Rau, § 253, note 14.

(3) Cass., 5 mai 1857, S. 57, 1, 335; Demolombe, XII, 849.

(4) C. civ., 702; comp. Rouen, 3 décembre 1854; Caen, 7 novembre 1883, R. 84, 182.

du titre, de la possession ou de la destination du père de famille.

Quand la servitude a été constituée par un acte entre-vifs ou à cause de mort, c'est, en premier lieu, aux clauses du titre qu'il faut s'attacher pour déterminer l'étendue et le mode d'exercice de la servitude (1).

Si la servitude a été acquise par prescription, son étendue et ses effets se déterminent d'après la possession (2).

Lorsque la servitude a été établie par destination du père de famille, il faut s'attacher à l'intention présumable du propriétaire qui a mis les choses dans l'état d'où résulte la servitude (3).

368. — Si l'héritage dominant vient à passer d'un propriétaire unique à plusieurs propriétaires, chacun de ces derniers est en droit d'exercer la servitude, à charge d'un user de manière à ne point aggraver la condition du fonds servant (4).

---

(1) Cass., 28 juin 1865; Caen, 26 mai 1857; Demolombe, XII, 846; Aubry et Rau, § 253, note 20.

(2) Comp. Cass., 1er juillet 1861, S. 62, 1, 81.

(3) Cass., 26 juillet 1831; Demolombe, XII, 838.

(4) C. civ., 700; Aubry et Rau, § 253, note 28; comp. Cass., 8 novembre 1886, S. 87, 1, 455.

Ainsi, une servitude de passage constituée au profit d'un fonds qui appartenait originairement à une seule personne, peut être exercée par tous les copropriétaires actuels de ce fonds, ou par les propriétaires exclusifs des différents lots qui le composent, seulement ils doivent tous pratiquer le passage par le même endroit (1).

IV. — Obligations et droits du propriétaire servant

369. — Si la servitude est négative, le propriétaire de l'héritage servant doit s'abstenir des actes de disposition ou de jouissance qu'elle a pour but d'empêcher, et si elle est affirmative il est tenu de souffrir, de le part du propriétaire de l'héritage dominant, tout ce qu'elle autorise ce dernier à faire (2).

370. — Dans l'un ou l'autre cas, il lui est interdit de rien entreprendre qui soit de nature à diminuer les avantages de la servitude, ou à en rendre l'exercice moins commode (3).

Ainsi, le propriétaire d'un fonds grevé d'une

(1) C. civ., 700; Demolombe, XII, 800; Laurent VIII, 280.
(2) Aubry et Rau, § 254; Demolombe, XII, 801.
(3) C. civ., 701; comp. Cass., 16 avril 1860, S. 91, 1, 375.

servitude de passage ne peut mettre en culture la bande de terrain sur lequel le passage s'effectue (1).

Et le propriétaire d'une cour grevée d'une servitude de vue n'est pas en droit de faire couvrir cette cour d'un vitrage établi au-dessus des croisées par lesquelles s'exerce la vue (2).

371.—Toutefois, le propriétaire de l'héritage servant conserve l'exercice de toutes les facultés inhérentes à la propriété.

C'est ainsi que le fonds grevé d'une servitude de passage peut être clos, pourvu que l'exercice de la servitude ne soit pas gêné.

Le fonds grevé d'un passage peut aussi être couvert de constructions, à la condition de lui laisser la hauteur, la largeur, la lumière et l'air nécessaires à son exercice (3).

372. — Le propriétaire de l'héritage servant a la faculté, imprescriptible (4), de demander le déplacement à ses frais, de l'assiette, de la servitude (notamment d'un passage), lorsque

(1) Metz, 19 janvier 1858, S. 58, 2, 460.

(2) Cass., 15 janvier 1840, S. 40, 1, 251.

(3) Cass., 27 octobre 1890, S. 91, 1, 23; Rouen, 22 mai 1837; S. 56, 2, 606, note.

(4) Demolombe, XII, 905; Aubry et Rau, § 254, note 13.

l'assignation primitive lui est devenue plus oné-
reuse ou l'empêche d'améliorer son fonds, à
à la condition d'offrir au propriétaire dominant
un endroit aussi commode pour l'exercice de la
servitude (1).

Le déplacement de l'assiette de la servitude
est fait d'accord entre les deux propriétaires, et
constaté par écrit ; en cas de désaccord, le juge
apprécie si le changement d'assiette doit avoir
lieu (2).

V. — Application des principales servitudes.

1° Passage

373. — Cette servitude étant discontinue ne
peut s'établir que par titre, quand même elle
serait annoncée par un signe extérieur, tel qu'un
chemin empierré ou une porte. (V. cep., n° 352).

374. — Le passage a une étendue plus ou
moins grande suivant qu'il sert seulement aux
personnes, ou qu'il est destiné à la conduite des
animaux ou au transport en voiture de denrées,
fourrages, etc.; tout cela doit être précisé par le

(1) C. civ., 701.
(2) Cass., 6 avril 1831, S, 31, 1, 113; Pardessus, 170.

titre constitutif, sinon les juges apprécient l'intention probable des parties d'après l'objet de la servitude et la position des héritages (1).

375. — Quand le passage est constitué sans limitation, il s'étend à tous les usages auxquels l'héritage dominant sert, d'après sa nature et sa destination (2).

376. — D'un autre côté, le passage établi pour un objet défini, ou restreint à un certain mode d'exercice, ne saurait être étendu à un autre objet ni à un mode différent; ainsi le passage : 1° à cheval et en voiture, n'implique pas le droit de passer à pied (3); 2° dans une allée pour arriver aux lieux d'aisances, n'autorise pas à passer des matériaux et des échelles pour réparer une maison (4); 3° A pied et avec bêtes de somme, n'emporte pas le droit de passer en voiture (5); 4° Avec charrettes, ne comprend

(1) Cass , 28 décembre 1880, S. 81, 1, 454; Caen, 11 juin 1872, R. 72 100; Demolombe, XII, 935.

(2) Caen, 8 janvier 1853, 16 mars 1854, R. 54, 125.

(3) Rouen, 30 décembre 1854, R. 55, 96; — Contrà, Caen, 23 janvier 1880, R. 80, 153.

(4) Caen, 22 juin 1855, R. 55, 185.

(5) Caen, 28 janvier 1853; Rouen, 27 mars 1863, R. 63, 232, 390; Caen, 5 février 1880, R. 80, 55.

que les voitures privées et non celles employées particulièrement au transport des personnes (1); 5° Pour l'exploitation d'un fonds compris dans un partage, ne s'étend pas à un terrain acheté postérieurement (2); 6° De charrue et de charrette dans une cour, comprend le droit d'y faire tourner des voitures (3); 7° Pour un labour, se trouve aggravé par l'ouverture et l'exploitation d'une carrière (4); 8° Pour une maison occupée bourgeoisement, ne saurait être exercé pour une brasserie ou un débit de boissons (5).

Mais le droit de passage établi pour la desserte d'un héritage rural, n'est pas aggravé par le changement de nature du fonds, notamment en cas de mise en culture d'un pré, ou de conversion d'un labour en herbage (6).

377. — Quant à la largeur du passage, il faut

(1) Caen, 16 mars 1840, 5 janvier 1865, R. 65, 60; Cass., 28 décembre 1880, S. 81, 1, 151.

(2) Rouen, 5 décembre 1861, R. 65, 106; Caen, 11 novembre 1866 R. 66, 287.

(3) Caen. 6 mars 1856, R. 56, 82.

(4) Caen, 15 janvier 1802, R. 02, 65.

(5) Rouen, 19 mars 1861, 3 décembre 1861; Caen, 13 juin 1861, R. 61, 184; 65, 61.

(6) Comp. Château-Chinon, 18 avril 1890, S. 92, 1, 309; Laurent, VIII, 263.

se conformer au titre; s'il est muet, on doit suivre les dimensions en usage dans le pays, selon l'espèce de passage (1).

Le passage pour piétons, chevaux et bêtes de somme, est généralement de 1m33 ou 4 pieds (2); celui pour voitures, de 2m66 ou 8 pieds (3).

378. — Malgré la servitude de passage, le propriétaire du fonds servant a le droit de se clore (4), pourvu que les dispositions adoptées ne rendent pas plus incommode l'exercice de la servitude.

A l'égard des propriétés rurales, il a été décidé : 1° Que le passage pour un labour peut être clos par une barrière fermant à clef, en remettant deux clefs (5); 2° Que l'herbage sur la voie publique grevé de passage, pouvait aussi être clos par une barrière fermant à clef, en remettant deux clefs et en ménageant à côté de la barrière un *échalier* permettant en tout temps le passage à pied (6).

(1) Caen, 28 août 1846, R. 46, 422.

(2) Caen, 5 février 1800, R. 60, 55.

(3) Pardessus, 237 ; Caen, 5 août 1830, fixe la largeur du passage pour voiture à 2m35 en terrain libre.

(4) Rouen, 16 août 1856, R. 56, 303; Caen. 7 août 1857, R. 58, 31.

(5) Caen, 30 juin 1877, R. 77, 277.

(6) Caen, 20 janvier 1891, S. 91, 2, 202.

En ce qui concerne les fonds urbains, il est admis que le propriétaire grevé a la faculté d'établir une porte ou une barrière, à la condition de ne la fermer que pendant les heures où la circulation cesse d'être active (1), et en donnant une clef à chacun des ayants droit pour passer durant la nuit (2).

379.— Le propriétaire du fonds grevé de passage n'est pas privé du droit d'élever des constructions au-dessus du sol affecté, pourvu qu'il laisse un passage suffisant pour user commodément de la servitude (3).

380 —Du reste, le passage, doit rester toujours libre, et le propriétaire grevé ne peut rien y établir ou déposer, même momentanément, qui fasse obstacle à l'exercice complet de la servitude (4).

(1) La porte doit être ouverte de 6 heures du matin à 10 heures du soir (Caen, 25 janvier 1865, R. 65, 39).

(2) Rouen, 16 août 1856, 2 août 1839; Caen, 4 février 1841, 4 janvier 1856, 23 décembre 1871, 12 juillet 1854, R. 85, 19); Cass., 15 février 1870, S. 70, 1, 391.

(3) Rouen, 22 mai 1837, S. 56, 2, 666; Caen, 25 janvier 1865, R. 65, 39). — Ces arrêts fixent la hauteur du passage à 3m39, ou 3m70; comp. Cass., 27 octobre 1890, S. 91, 1, 28.

(4) Caen, 25 mars 1863, R. 63, 283; Rouen, 31 janvier 1885, R. 86, 55.

381.—Le propriétaire d'un fonds rural grevé de passage, a la faculté soit d'enclore, soit de cultiver tout le terrain qui n'est pas nécessaire à l'exercice de la servitude, et le propriétaire du fonds dominant est responsable du dommage causé soit aux clôtures, soit aux récoltes dans l'exercice du passage, notamment par les bestiaux (1).

2º *Puisage.*

382. — Le droit de puiser de l'eau à une fontaine ou à un puits comporte le passage dans la mesure du nécessaire.

En général, le propriétaire dominant doit faire durant le jour sa provision d'eau (2).

Au surplus, il faudra toujours consulter le titre pour régler l'étendue de la servitude.

383. — Si celui qui a droit de tirer de l'eau dans le puits de son voisin, pour l'usage habituel de sa maison, laisse à son décès trois enfants qui ayant chacun leur ménage, viennent tous y demeurer, le propriétaire du puits aura droit de faire régler, à l'amiable ou en justice, la quantité d'eau que chacun des héritiers pourra

(1) Caen, 9 avril 1850, R. 50, 232.
(2) Frigot, II, p. 391; Solon, 152; Demolombe, XII, 927.

prendre, d'après ce qu'il est à présumer que leur père en employait à son usage, de manière que l'héritage assujetti ne soit pas plus grevé qu'il ne l'était précédemment, car il ne leur est pas dû à chacun une servitude, mais à eux tous une seule en commun (1).

384. — Le grévé ne peut offrir comme remplacement d'un droit de puisage, à une fontaine située dans un terrain clos, un semblable droit à une fontaine placée le long d'un chemin, si elle n'est pas séparée par une clôture (2).

385. — Cette servitude de puisage étant à la fois discontinue et non apparente n'est susceptible de s'établir que par titre.

3° *Abreuvage*

386. — Le droit de faire boire les animaux à la source ou au ruisseau qui coule sur le fonds d'autrui, constitue une servitude discontinue et non apparente (3).

387. — Il est toujours nécessaire que les

(1) Frigot, II, p. 407; Pardessus, 63; — *Contrà*, Aubry et Rau, § 253, note 29; comp. Demolombe, XII 800.

(2) Caen, 26 mai 1815, R. 46, 685.

(3) Cass., 4 décembre 1888, S. 90, 1, 105.

animaux, pour lesquels le droit d'abreuvage est établi, soient placés sur le fonds dominant pour sa culture et son exploitation.

. **388.** — En cas de silence du titre sur le nombre de bêtes, il est déterminé eu égard aux besoins du fonds dominant, tels qu'ils étaient à l'époque de l'établissement de la servitude (1).

4° Aqueduc

389. — La servitude d'aqueduc consiste dans le droit de conduire de l'eau sur notre fonds en la faisant passer sur le fonds du voisin.

Cette servitude se révèle d'ordinaire à l'extérieur par des ouvrages ; elle est alors continue et apparente, et peut, en conséquence, se prouver par titres, par destination du père de famille et par prescription trentenaire (2).

390. — Lorsque le droit d'aqueduc n'a été établi que pour une certaine quantité d'eau, il n'est pas permis d'en augmenter le volume.

De même si l'aqueduc est destiné à des eaux

(1) Cass., 8 décembre 1839, S. 40, 1, 513.

(2) C. civ., 689 ; Caen, 18 février 1825, 11 novembre 1879, R. 80, 150 ; Cass., 10 février 1885, S. 87, 1, 263, 25 octobre 1897, S. 89, 1, 300.

spécialement déterminées, on ne peut y mê-
ler des eaux étrangères à celles qu'on a eu
vue (1).

391. — Celui auquel la servitude d'acqueduc
appartient ne doit point corrompre ni altérer
les eaux, d'une manière préjudiciable au fonds
servant (2).

392. — De la servitude d'aqueduc se rappro-
che beaucoup celle de prise d'eau sur la propriété d'autrui, au moyen d'un barrage, d'une
simple rigole.

La servitude de prise d'eau s'établit : par titre (3) ; à défaut de titre par destination du père
de famille, lorsqu'elle est manifestée par des
ouvrages extérieurs (4) ; enfin par prescription
trentenaire, au moyen de travaux apparents pour
le propriétaire du fonds assujetti (5).

393. — Celui qui a le droit de se servir des
eaux appartenant à une cohérie, pendant un
certain nombre de jours, n'est pas autorisé à

(1) Daviel, 915 ; Demolombe, XII, 914.
(2) Rouen, 6 juillet 1830 ; Daviel, 912.
(3) Caen, 8 mars 1811, R. 11, 232.
(4) Caen, 8 janvier 1840, R. 39, 504.
(5) Caen, 8 janvier 1876, 8 janvier 1884, R. 85, 134.

les employer à arroser d'autres immeubles que ceux héréditaires (1).

5° *Égout des toits*

394. — En vertu de la servitude d'égout, le propriétaire du fonds inférieur doit recevoir les eaux pluviales qui tombent du bâtiment, soit goutte à goutte, soit rassemblées dans une gouttière.

395. — Sous la coutume de Normandie, la servitude d'égout, ou droit de larmier, ne s'acquérait pas sans titre; et l'existence d'un droit d'égout n'était pas un titre pour donner le fonds sur lequel les eaux tombaient (2).

Depuis le Code, cette servitude s'acquiert par prescription du moment où il y a un larmier, une gouttière en saillie, ou tout autre ouvrage extérieur (3).

Elle peut aussi être acquise par destination du père de famille (4).

---

(1) Caen, 8 février 1819, R. 19, 60.

(2) Frigot, II, 389; Flaust, II, 881; Arrêt Parlem., 13 juillet 1752; Caen, 17 janvier 1800, R. 90, 104.

(3) Cass., 3 février 1825; Pau, 21 mars 1888, S. 90, 2, 206; Demolombe, XII, 605.

(4) Rouen, 4 mai 1871, R. 71, 191.

396. — Au reste, ce n'est pas seulement
comme servitude passive sur le fonds voisin
que ce droit d'égout peut exister ; il arrive souvent qu'elle est établie pour son intérêt, comme
servitude active, dans les lieux ou l'eau étant
rare, les propriétaires la recueillent avec soin
dans des réservoirs.

6° Égout des eaux ménagères

397. — La servitude d'égout des eaux ménagères, ou d'évier est discontinue, encore bien
qu'elle s'exerce à l'aide d'un aqueduc apparent,
puisqu'elle a besoin, pour son exercice, du fait
de l'homme ; en conséquence, cette servitude
n'est pas suceptible de s'acquérir par prescription (1).

Quant à la destination du père de famille, elle
aurait pour effet de maintenir la servitude d'é-
vier, manifestée par un signe extérieur et apparent (2).

(1) Cass., 19 juin 1865, 17 février 1875, S. 77, 1, 71; Tr. Rouen,
9 août 1851, R. 51, 172; Daviel, 710; — *Contrà*, Tr. Caen, 20 janvier 1855; Demolombe, XII, 712.

(2) Cass., 8 décembre 1886 et Rouen, 16 juillet 1885, S. 87, 1, 455.

7° *Pressurage.*

398. — Le droit de pressurer des fruits à un pressoir constitue une servitude discontinue et non apparente qui ne s'acquiert que par titre.

Fréquemment cette servitude s'établit dans un acte de partage, fixant les époques de pressurage et chargeant les divers copartageants de contribuer également à l'entretien de la mécanique.

399. — Le propriétaire du pressoir peut, à moins de stipulations contraires (1), s'opposer à ce que les créanciers de la servitude pressurent d'autres fruits que ceux provenant des biens partagés (2).

D'un autre côté, le propriétaire du pressoir grevé de la servitude a le droit d'y pressurer telle quantité de fruits, récoltés ou même achetés, qu'il juge convenable (3), et, en outre, de prêter le pressoir si cette faculté ne lui a pas été interdite (4).

(1) Caen, 17 avril 1856, R. 56, 125.
(2) Caen, 23 janvier 1819, 2 décembre 1870, R. 71, 82.
(3) Caen, 29 avril 1865, R. 65, 119.
(4) Caen, 28 décembre 1878, R. 79, 68.

400. — Quand les réparations du pressoir doivent, d'après le titre, être payées en commun, entre le propriétaire et les créanciers de la servitude, ces derniers seraient fondés à faire supporter une plus forte part au propriétaire, en établissant qu'il a abusé du pressoir, soit en le prêtant, soit en y pilant une quantité de fruits beaucoup plus grande que celle prévue par son titre (1).

401. — Le fait par un individu d'avoir pendant plus de 30 ans, pressuré des fruits au pressoir de son voisin, et même d'avoir pécuniairement contribué aux réparations du mécanisme, ne saurait engendrer à son profit ni une servitude ni un droit de propriété (2).

S⁹ Tour d'échelle

402. — On entend par tour d'échelle le droit en vertu duquel le propriétaire d'un mur non mitoyen ou d'un bâtiment, peut, pour exécuter les travaux nécessaires à son mur ou à son toit, faire passer ses ouvriers et ses matériaux sur le fonds voisin.

(1) Caen, 27 avril 1805, 21 juin 1880, R. 82, 19.
(2) Caen, 19 mai 1863, R. 63, 25.

403. — Ce droit est une servitude discontinue et non apparente qui ne s'établit que par un titre (1).

Si le titre ne dit rien quant à l'étendue du terrain d'exercice, on doit suivre l'usage local ; en Normandie, la largeur est de un mètre (2).

404. — Il faut observer que celui qui a une servitude d'égout de son toit, n'a pas pour cela une servitude de tour d'échelle ; les deux droits sont indépendants (3).

De même le tour d'échelle n'emporte pas pour le propriétaire du fonds en faveur duquel cette servitude est établie, un droit de passage habituel, ni le droit d'avoir une clef des êtres par lesquels s'exerce la servitude (4).

9° Pacage, pâturage

405. — La servitude de pacage ou de pâturage consiste dans le droit de mener paître sur le fonds d'autrui, les animaux placés sur un domaine pour son exploitation.

---

(1) Caen, 27 avril 1811, R. 11, 239; Demolombe, XI, 421.

(2) Rouen, 6 février 1811, 31 mai 1899 ; Caen, 17 décembre 1889, R. 90, 191 ; S. 91, 2, 38.

(3) Caen, 31 décembre 1868, R. 69, 286.

(4) Caen, 11 décembre 1855, R. 56, 61

C'est une servitude discontinue qui ne peut s'acquérir sans titre.

Il n'est pas permis de conduire au pacage un plus grand nombre d'animaux que celui déterminé par le titre de la servitude.

10° Jour

406. — La servitude de jour consiste dans le droit de recevoir la lumière, au moyen de jours pratiqués dans un mur, mitoyen ou non, et à une hauteur déterminée.

Les règles de ces jours ne sont pas celles des jours de souffrance.

A moins d'une clause précise dans le titre, cette servitude n'a pas pour effet d'empêcher au voisin de bâtir et planter, pourvu qu'il laisse un jour suffisant.

La servitude de jour est continue et apparente.

11° Vue

407. — La servitude de vue, lorsque son étendue n'est pas expressément déterminée par le titre conventionnel, ne s'étend sur le fonds voisin et n'emporte prohibition d'y bâtir, qu'à la distance de 19 décimètres (1).

(1) Cass., 21 juin 1923, 7 mars 1855, S. 56, 1, 302.

Cette servitude est continue et apparente.

408. — Celui qui n'a sur un terrain qu'une servitude de passage et de vue, n'est pas autorisé à établir de balcons au-dessus du terrain grevé (1).

409. — Lorsque le propriétaire d'une construction ayant des ouvertures par servitude sur autrui, veut démolir puis rebâtir, il doit se procurer une preuve écrite des servitudes, en faisant dresser contradictoirement l'état des lieux avant de procéder à la démolition ; à défaut de cette précaution, il serait obligé de prouver l'existence des anciennes ouvertures (2).

12° *Prospect*

410. — Servitude continue et non apparente, équivalent à une interdiction de bâtir et de planter sur le fonds assujetti (3).

Cette servitude ne saurait résulter ni de la prescription, ni de la destination du père de famille (4).

(1) Caen, 26 février 1883, R. 83, 115.
(2) C. civ., 665 ; Caen, 25 mai 1841, 16 décembre 1848, R. 48, 355 ; S. 49, 2, 665 ; Demolombe, XII, 975.
(3) Rouen, 21 avril 1871, R. 71, 243.
(4) Cass., 17 août 1858, 5 août 1862, S. 63, 1, 31.

13° Interdiction de bâtir

411. — Cette servitude qui empêche le propriétaire du fonds servant de bâtir ou d'élever ses bâtiments au delà d'une hauteur déterminée, a généralement pour but de ménager au fonds dominant des vues ou un aspect plus agréable (1).

Si le titre ne détermine pas l'étendue du terrain sur lequel pèse la servitude, tout le fonds se trouve asservi (2).

412. — L'obligation de ne point bâtir ou de ne pas bâtir au-dessus d'une hauteur fixée, ne s'oppose pas à ce qu'on plante des arbres sur le fonds assujetti, alors du moins que les termes de la convention ne permettent pas de dire qu'il y a véritablement servitude de prospect.

413. — La convention entre propriétaires voisins ou entre copartageants, portant que pour réparer et clore leurs héritages, il sera fait par eux, à frais communs, un mur ne dépassant pas une hauteur déterminée, ne prive pas l'une ou

(1) Demolombe, XII, 929.
(2) Cass., 18 mai 1835, S. 35, 1, 812; Pardessus, 235.

l'autre des parties du droit de donner une plus grande hauteur a la clôture (1).

414. — Au surplus, la servitude de ne pouvoir bâtir ou surélever ne s'établit pas par la destination du père de famille : elle doit résulter d'un titre formel (2).

14° Appui

415. — La servitude d'appui consiste dans la faculté : 1° D'appuyer sa maison ou son mur sur le mur du voisin ; 2° De placer des poutres ou des solives dans le mur du voisin (3); 3° d'afficher des espaliers, vignes, etc., dans son mur (4).

416. — Le simple droit d'affiche ne donne pas celui de faire supporter par le mur des constructions quelconques (5).

(1) Caen, 13 mai 1837, 16 mars 1849, 26 mai 1811, 29 janvier 1876, R. 76, 93; Rouen, 30 décembre 1853, 30 juin 1853, R. 83, 253.

(2) Caen, 13 mai 1837, 26 mai 1811, R. 11, 161; Cass., 26 janvier 1858, 6 juillet 1891, S. 72, 1, 55.

(3) Demolombe, XII, 924.

(4) Caen, 3 mai 1839; Rouen, 31 décembre 1853, R. 55, 183.

(5) Rouen, 31 décembre 1853, précité.

15° Projection

417. — Cette servitude comprend le droit de faire avancer un balcon, une corniche, un toit ou tout autre ouvrage en saillie sur le fonds du voisin (1).

16° Arbres et haies

418. — L'existence d'arbres ou de haies à des distances moindres que celles requises, est une servitude continue et apparente susceptible de s'acquérir par prescription trentenaire (2).

Cette prescription court du jour de la plantation (3).

419. — Le grévé conserve le droit de couper les racines et de contraindre le propriétaire des arbres ou haies à couper les branches qui avancent sur son fonds (4).

420. — Si les arbres ou haies viennent à pé-

---

(1) Solon, 410 ; Pardessus, 11 ; Huc, IV, 455.

(2) Cass., 13 mars 1850, S. 50, 1, 385 ; Demolombe, XI, 490.

(3) Cass., 29 mars 1832, S. 32. 1, 323 ; Duranton, V, 390 ; Demolombe, XI, 490 ; Aubry et Rau, § 197, note 18.

(4) C. civ., 673 ; Rouen, 11 mars 1860, S. 72, 1, 393 ; Demolombe, XI, 500 ; Aubry et Rau, § 197, note 27.

rir ou à être abattus, on no peut les remplacer
qu'à la distance légale (1).

VI. — Extinction des servitudes

1° Changement de l'état des lieux

421. — Toute servitude cesse lorsque l'exercice en devient matériellement et absolument
impossible, à cause de changements survenus
soit à l'héritage dominant, soit à l'héritage servant (2).

422. — La servitude revit du moment où les
choses sont rétablies de manière qu'on puisse
en user, sans qu'il soit nécessaire qu'elles se
se trouvent replacées dans des conditions absolument semblables (3).

On peut citer: 1° Une fontaine grevée d'un
droit de puisage, après avoir été mise à sec jaillit
de nouveau (4); 2° Un passage qui avait cessé
par suite de l'exhaussement de la voie publique

(1) Caen, 22 juillet 1845, S. 46, 2, 609; Cass., 22 décembre 1857,
S. 58, 1, 361; D. 58, 1, 50; Vaudoré, *Plantations*, 54.

(2) C. civ., 703; comp. Cass., 1er avril 1889, S. 92, 1, 378.

(3) C. civ., 704; comp. 665.

(4) Cass., 21 mai 1851, S. 51, 1, 406; Laurent, VIII, 272; Demolombe, XII, 974.

empêchant la communication, et rendu possible au moyen de travaux exécutés par le propriétaire du fonds servant (1); 3° une vue au profit d'une maison qui a été démolie, puis remplacée par d'autres bâtiments d'habitation (2).

Mais, la servitude ne revit qu'autant qu'il ne s'est pas écoulé un espace de 30 ans à partir du jour où s'est produite l'impossibilité d'en user (3).

2° Non usage

423. — Les servitudes s'éteignent par le non usage pendant 30 ans (4).

Les 30 années courent, pour les servitudes discontinues, par le seul fait de la cessation de de leur exercice, à partir du dernier acte d'usage (5).

Pour les servitudes continues, les 30 années ne courent que du jour où il a été fait un acte contraire à la servitude (6).

_____

(1) Bordeaux, 14 août 1855, S. 56, 2, 683.

(2) C. civ., 665; Orléans, 1er décembre 1818, S. 19, 2, 503.

(3) C. civ., 704, 707; Cass., 10 avril 1889, S. 90, 1, 214.

(4) C. civ., 706; comp. Caen, 26 mai 1811, R. 11, 162; Cass., 28 octobre 1889, S. 91, 1, 293.

(5) C. civ., 707; comp. Caen, 5 décembre 1827, S. 30, 2, 206.

(6) C. civ., 707; comp. Cout. Norm., 637; Demolombe, XII, 1000; Cass., 6 novembre 1889, S. 92, 1, 5.

424. — Lorsque le fonds servant est possédé, comme libre de servitude, par un tiers acquéreur qui a juste titre et bonne foi, celui-ci ne peut prétendre éteindre la servitude par la prescription de 10 à 20 ans ; il ne prescrit que par 30 ans (1).

425. — L'usage incomplet ou restreint d'une servitude pendant le délai de 30 années, en entraîne la réduction aux limites dans lesquelles elle a été exercée; par exemple un passage modifié dans son emplacement ou dans sa largeur (2).

426. — Si l'héritage dominant est indivis entre plusieurs personnes, l'interruption de prescription opérée par l'une d'elles, ou la suspension de prescription établie en faveur de l'une d'elles, profite à toutes les autres (3).

427. — Quant au fonds servant, s'il vient à être divisé en différents lots, le non usage de la servitude sur quelques uns d'entr'eux, les affran-

(1) Caen, 4 avril 1838, R. 38, 150; Cass., 29 novembre 1875, 22 février 1881, S. 82, 1, 111; Demolombe, XII, 1004; Aubry et Rau, § 255, note 23; — Contrà, Duranton, V, 601; Laurent, VIII, 314.

(2) C. civ., 708; Caen, 15 mai 1818, 24 juillet 1865, 7 juillet 1868, R. 68, 115; Rouen, 29 août 1882, R. 83, 106.

(3) C. civ., 709, 710.

6

chirait au bout de 30 ans, sans qu'il fût nécessaire que la division eût été portée à la
connaissance du propriétaire du fonds dominant (1).

428. — Celui qui réclame une servitude en
vertu d'un titre ayant plus de 30 ans de date, et
qui n'a pas la possession actuelle, est tenu, au
cas où la partie adverse oppose l'extinction de
la servitude pour non usage pendant 30 ans, de
faire preuve (2) de sa non extinction (3).

3° Confusion

429. — Les servitudes s'éteignent par la réunion, définitivement opérée, dans la main du
même propriétaire, de tout l'héritage dominant
et de tout l'héritage servant (4).

430. — Observons que si les deux fonds ces-
saient d'appartenir au même propriétaire, la
servitude revivrait dans le cas d'annulation du

(1) Demolombe, XII, 707 à 710; Aubry et Rau, § 255, note 22.

(2) Cette preuve peut avoir lieu par témoins (Cass., 13 janvier 1840,
2 décembre 1885, S. 87, 1, 12).

(3) Cass., 15 février 1842, 2 décembre 1885, précité; Demolombe,
XII, 1015; Pardessus, 308; — Contrà, Rouen, 30 mars 1808, R. 68, 80.

(4) C. civ., 705; Rouen, 19 juillet 1886, R. 86, 227; comp. C. civ.,
699.

testament ou de résolution de la vente, en vertu desquels la réunion se serait opérée (1).

Au contraire, l'aliénation volontaire de l'un des héritages dominant ou servant, momentanément réunis dans la même main, ne ferait point renaître la servitude, à moins d'une clause expresse de l'acte (2).

431. — Toutefois une servitude apparente revivrait dans ce cas, par destination du père de famille (3).

4° *Modes divers d'extinction*

432. — Les servitudes peuvent encore s'éteindre :

1° Par l'arrivée du terme ou de la condition qui ont pu être convenus lors de leur établissement par titre (4) ;

2° Par la résolution du droit du constituant, c'est-à-dire de celui qui représentait le fonds servant (5) ;

---

(1) C. civ., 1183, 1654, 2177; Pardessus, 300; Demolombe, XII, 984.
(2) Aubry et Rau, § 255, note 11; Demolombe, XII, 985.
(3) C. civ., 694; Pardessus, 300; Duranton, V, 665.
(4) Duranton, V, 689; Pardessus, 319.
(5) Pardessus, 318; comp. Demolombe, XII, 1052.

3° Par la renonciation (1) ou la remise faite, expressément ou tacitement, par le propriétaire du fonds dominant (2).

La renonciation à une servitude de vue peut s'induire de circonstances, encore bien que le non usage n'ait pas duré 30 ans (3) ;

4° Par l'expropriation pour cause d'utilité publique, d'un fonds servant, sauf indemnité au profit du propriétaire du fonds dominant (4).

(1) L'acte portant renonciation à une servitude, est soumis à la transcription hypothécaire (L. 23 mars 1855, art. 2).

(2) Demolombe, XII, 1040, 1041 ; Aubry et Rau. § 255, note 30.

(3) Caen, 17 novembre 1853, R. 54, 123 ; Demolombe, XII, 1043.

(4) L. 3 mai 1841, art. 21, 23 et 39.

CHAPITRE CINQUIÈME

NOTIONS DE COMPÉTENCE

I. — Juge de paix

1° *Règles générales*

433. — Dans toutes les causes, excepté celles qui requièrent célérité et celles dans lesquelles le défendeur serait domicilié hors du canton ou des cantons de la même ville, il est interdit de donner aucune citation par huissier, sans qu'au préalable le juge de paix ait appelé les parties devant lui, au moyen d'un avertissement ou lettre d'invitation, délivré par le greffier et expédié par la poste.

Si les deux parties se présentent et qu'il y ait conciliation, le juge de paix dresse procès-verbal des conditions de l'arrangement (1).

C'est le vœu de la loi que les parties comparaissent en personne dans le cabinet du juge de paix, sur la lettre d'invitation (2).

(1) L. 25 mai 1838, art. 17.
(2) C. pr., 9, 53.

434. — A défaut d'arrangement, le juge de paix autorise la citation par huissier, à un jour franc, pour comparaître, non plus dans le cabinet du juge, mais à l'audience (1).

Les parties peuvent encore s'entendre sur la citation, sinon un jugement est rendu par le juge de paix, soit immédiatement, soit seulement après visite des choses contentieuses, audition de témoins, rapports d'experts, etc.

Si la partie condamnée exécute immédiatement le jugement, tout est terminé.

Mais, à défaut d'exécution, si le jugement est par défaut, la partie condamnée peut former opposition dans les trois jours de la signification (2).

435. — En cas de jugement contradictoire, en premier ressort, l'appel devant le Tribunal civil est recevable pendant 30 jours à partir de la signification, outre les délais de distance (3).

436. — Les voies de recours extraordinaires sont la tierce opposition, la requête civile et

(1) C. pr., 5; L. 25 mai 1838, art. 16.
(2) C. pr., 20, 21.
(3) L. 25 mai 1838, art 13.

le pourvoi en Cassation pour excès de pouvoir (1).

2° Bornage

437. — Pour le bornage, le juge de paix de la situation des immeubles est compétent à charge d'appel, toutes les fois que la propriété ou les titres qui l'établissent ne sont pas contestés (2); dans le cas contraire, il faut recourir au Tribunal civil.

438. — La compétence du juge de paix saisi de l'action en bornage ne se restreint pas au placement des bornes sur limites convenues, mais s'étend encore à la recherche des limites devenues incertaines des deux fonds à borner (3).

Au contraire, il y a contestation sur la propriété rendant le juge de paix incompétent, lorsque le défendeur revendique contre le demandeur la propriété litigieuse (4).

439. — Pour qu'il y ait contestation sur les titres, il faut que le désaccord des parties porte

(1) C. pr., 171, 489); L. 25 mai 1838, art. 15.

(2) C. pr., 59; L. 25 mai 1838, art. 6, 3°.

(3) Cass., 10 avril 1866, S. 66, 1, 289; D. 66, 1, 39); 5 janvier 1892, S. 92, 1, 351.

(4) Cass., 8 août 1850; S. 60, 1, 49; D. 50, 1, 311.

non pas seulement sur l'interprétation, l'application et l'appréciation des clauses et des énonciations du titre, mais que le titre même soit contesté dans son essence ou dans son caractère d'acte acquisitif (1).

Avant tout, pour rendre le juge de paix incompétent, il doit s'agir d'une contestation sérieuse qui présente quelque apparence de fondement, et non d'une simple dénégation qui peut être dictée par un esprit de chicane et de mauvaise foi (2).

440. — D'ailleurs, l'action en bornage doit toujours être portée devant le juge de paix, sauf à celui-ci à se déclarer incompétent en cas de contestation, car il n'appartient pas aux parties de changer l'ordre des juridictions (3).

3° *Dommage, Élagage, Curage*

441. — Le juge de paix connaît sans appel, jusqu'à la valeur de cent francs, et, à charge d'appel, à quelque valeur que la demande puisse s'élever, des actions pour dommages faits aux

(1) Cass., 15 juin 1880, S. 80, 1, 312; D. 80, 1, 262.

(2) Cass., 25 août 1880, S. 80, 1, 408; D. 81, 1, 61: Tr. Rouen, 10 mars 1859.

(3) Cass., 18 juin 1834, S. 87, 1, 479.

champs, fruits et récoltes, soit par l'homme, soit par les animaux, et de celles relatives à l'élagage des arbres ou haies, et au curage, soit des fossés, soit des canaux servant à l'irrigation des propriétés ou au mouvement des usines, lorsque les droits de propriété ou de servitude ne sont pas contestés (1).

4° Drainage

442. — En matière de drainage, les contestions auxquelles peuvent donner lieu l'établissement et l'exercice de la servitude, la fixation du parcours des eaux, l'exécution des travaux de drainage ou d'assèchement, les indemnités et les frais d'entretien, sont portées en premier ressort devant le juge de paix du canton qui, en prononçant, doit concilier les intérêts de l'opération avec le respect dû à la propriété (2).

443. — Lorsqu'il y a lieu à l'établissement de servitudes au profit d'associations syndicales, le juge de paix a la même compétence que pour le drainage (3).

(1) L. 25 mai 1838, art. 5.
(2) L. 10 juin 1854, art. 5.
(3) L. 21 juin 1865, art. 19.

5° *Chemins*

444. — Le juge de paix statue, sauf appel s'il y a lieu, sur toutes les difficultés relatives aux travaux d'entretien des chemins et sentiers d'exploitation (1).

6° *Actions possessoires*

445. — Le juge de paix connaît, à charge d'appel, des dénonciations de nouvel œuvre, complaintes, actions en réintégrande et autres actions possessoires fondées sur des faits commis dans l'année (2), notamment pour : 1° Déplacement de bornes ; 2° Usurpations de terres ; 3° Usurpations d'arbres, haies, fossés et autres clôtures ; 4° Entreprises sur les cours d'eau servant à l'irrigation des propriétés et au mouvement des usines et moulins, sans préjudice des attributions de l'autorité administrative ; 5° Inobservation de la distance prescrite par la loi, les règlements particuliers et l'usage des lieux, pour les plantations d'arbres ou de haies, lorsque la propriété ou les titres qui l'établissent ne sont

(1) L. 20 août 1881, art. 36.
(2) C. civ., 2229 ; C. pr., 23.

pas contestés ; 6° les travaux et constructions
nuisibles, lorsque la propriété ou la mitoyenneté
du mur ne sont pas contestés (1).

446. — Les actions possessoires s'appliquent
à la copropriété (2), aux servitudes légales (3) et
aux servitudes conventionnelles lorsquelles sont
apparentes et continues (4).

Ne sont pas susceptibles de possession les
servitudes continues non apparentes et les servitudes discontinues apparentes ou non, à moins
qu'elles ne soient fondées en titre (5).

447. — Par l'action possessoire on demande
à être maintenu en détention ou jouissance
d'une chose que nous tenons actuellement; cette
action est entièrement distincte de l'action péti-
toire relative au droit de propriété (6).

7° Contraventions de police

448. — La connaissance des contraventions

(1) C. pr., 3; L. 25 mai 1838, art 6.
(2) Cass., 4 janvier 1888, 1ᵉʳ mars 1892, S. 92, 1, 228.
(3) Cass., 30 juillet 1889, S. 91, 1, 319.
(4) Cass., 5 janvier 1857, S. 58, 1, 112.
(5) Cass., 30 juillet 1889, 1ᵉʳ juillet 1800, 11 avril 1803, S. 93, 1, 463
Pardessus, 325; Duranton, V, 638.
(6) C. pr 25, 26.

de police pouvant donner lieu soit à 15 fr. d'amende ou au-dessous, soit à cinq jours d'emprisonnement ou au-dessous, appartient au juge de paix du canton dans l'étendue duquel elles ont été commises (1).

449. — Parmi ces contraventions, il suffit de rappeler :

1° Le refus d'obéir à la sommation, émanée de l'autorité administrative, de réparer ou démolir un édifice menaçant ruine et joignant la voie publique ;

2° La négligence d'éclairer des dépôts de matériaux ou de choses embarrassant la voie publique ;

3° La négligence d'écheniller dans les campagnes ou jardins ;

4° Les travaux confortatifs faits à une construction sujette à reculement (2) ;

5° L'établissement, sans autorisation, d'un barrage sur un cours d'eau non navigable ni flottable (3) ;

6° Les accidents occasionnés par la vétusté

(1) C. Inst. crim., 137, 138.

(2) C. pén., 471 ; comp. Cass., 20 juin 1891, 4 août 1893, S. 93, 1, 536.

(3) C. pén., 471, 15° ; Cass., 9 janvier 1892, S. 92, 1, 176.

des bâtiments ou par des excavations dans ou près les voies publiques (1).

II. — Tribunal civil

450. — Toutes les contestations qui ne sont pas de la compétence du juge de paix, doivent être portées devant le Tribunal civil.

451. — Aucun procès entre personnes majeures et maîtresses de leurs droits, ne peut être commencé avant que le défendeur n'ait été appelé en conciliation devant le juge de paix, par une citation d'huissier, donnée trois jours au moins d'avance (2).

Le demandeur évite presque toujours la conciliation en sollicitant du président du Tribunal l'autorisation d'assigner à bref délai, pour cause d'urgence (3).

452. — Dans toutes les affaires devant le Tribunal civil, la personne qui attaque doit s'adresser à un avoué ; celle qui est attaquée doit

(1) C. pén., 479.
(2) C. pr., 48, 49, 51, 52.
(3) C. pr. 49, 2°, 72.

porter immédiatement son assignation chez l'avoué de son choix (1).

453.—Sont de la compétence du Tribunal civil:

1° Les actions relatives au droit de propriété, ou actions pétitoires (2);

2° Les règlements entre particuliers pour l'usage des eaux courantes (3);

3° Les contestations relatives aux servitudes d'irrigation (4).

454. — Les appels des jugements de justice de paix sont portés devant le Tribunal civil.

455. — Comme le ministère des avoués est obligatoire devant le Tribunal, ce sont eux qui dirigent la procédure; il est donc inutile d'entrer ici dans des détails.

456. — Dans les circonstances urgentes, par exemple en cas de trouble de possession résultant de travaux entrepris par un voisin ou par un copropriétaire (5), on peut se pourvoir direc-

(1) C. pr., 75.
(2) L. 11 avril 1838, art. 1.
(3) C. civ., 645.
(4) L. 29 avril 1845, art. 4.
(5) Cass., 10 avril 1872, S. 72, 1, 290; D. 73, 1, 12; 20 juillet 1882, S. 85, 1, 58; 23 mai 1886, S. 86, 1, 367.

tement devant le président du Tribunal civil, tenant l'audience des référés, afin qu'il statue provisoirement sur les difficultés (1).

III. — Maire

457. — Dans l'ordre judiciaire, les maires sont officiers de police, et à ce titre ont qualité, ainsi que leurs adjoints, pour rechercher les contraventions de police, et en dresser procès-verbal (2).

Cependant ils n'usent de ce droit que lorsqu'il n'y a ni commissaire de police, ni garde champêtre dans la commune.

458. — Dans l'ordre administratif, le maire est chargé de veiller à tout ce qui intéresse la sûreté et la commodité du passage dans les rues et voies publiques.

459. — Les arrêtés du maire sont obligatoires lorsqu'ils ont été portés à la connaissance des intéressés par voie de publication et d'affiches, toutes les fois qu'ils contiennent des dispositions générales, et, dans les autres cas, par

(1) C. pr., 806 à 811.
(2) C. Inst. crim., 11; Cass., 6 septembre 1838.

voie de notification individuelle, avec remise de copie (1).

460. — C'est au maire qu'il appartient de donner par écrit les alignements individuels, les autorisations de bâtir, reconstruire et réparer sur le bord d'une voie publique, dépendant de la petite voirie : chemin vicinal ordinaire, chemin rural (2).

Toute demande d'alignement doit être faite sur une feuille de papier au timbre de 60 c.

461. — En cas de péril imminent, le maire peut prescrire la démolition d'un édifice menaçant ruine, après rapport d'un agent de la voirie (3).

IV. — Préfet

462. — Toute la grande voirie : routes nationales et départementales et rues en formant le prolongement ; chemins vicinaux de grande communication ou d'intérêt commun, fleuves, rivières et canaux navigables ou flottables, chemins de fer, est dans les attributions du préfet.

(1) L. 5 avril 1884, art. 96, 97 ; Cass., 10 mars 1893, S. 93, 1, 223.
(2) L. 5 avril 1884, art. 98.
(3) Décl. 18 août 1730, art. 10 ; L. 5 avril 1884, art. 97 ; Cons. d'État, 5 février 1892, S. 93, 3, 157.

C'est le préfet qui donne les alignements, permet ou refuse de construire ou réparer, ordonne la démolition des constructions, autorise ou défend l'établissement des saillies, etc. (1).

Les alignements doivent être demandés sur papier timbré de 60 c.

463. — Dans chaque département, le préfet détermine par des arrêtés, la date de l'ouverture et celle de la clôture de la chasse (2).

464. — Des arrêtés préfectoraux fixent les époques auxquelles devra se faire l'élagage des arbres et des haies, le long des voies publiques (3). Il faut une autorisation préfectorale pour élaguer en dehors des époques déterminées par les arrêtés.

465. — Pour l'établissement des manufactures, fabriques et ateliers, dans la première classe des établissements insalubres, la demande en autorisation est présentée au préfet et affichée par son ordre, avant toute autorisation.

---

(1) L. 16 septembre 1807, art. 50. — Dans les villes où il existe des plans d'alignement régulièrement approuvés, pour les routes et chemins de grande communication, le sous-préfet délivre les alignements individuels (L. 4 mai 1864).

(2) L. 3 mai 1844, art. 3.

(3) Décr. 16 décembre 1811, art. 102, 105; L. 21 mai 1836, art. 21.

Au cas où l'enquête a révélé des oppositions, le préfet doit consulter le Conseil de préfecture pour accorder l'autorisation (1).

466. — Toute demande en concession d'une mine est adressée au préfet qui remplit les formalités de publicité préalable à l'autorisation du gouvernement (2).

467. — Les préfets fixent, par leurs arrêtés, les temps et saisons de la pêche dans les rivières et cours d'eau (3).

468. — Les préfets règlementent par leurs arrêtés, l'usage des eaux dans l'intérêt public, notamment la disposition des écluses, barrages et autres travaux destinés à assurer une bonne répartition de la masse fluide (4).

469. — Le préfet prend des arrêtés pour assurer le curage et le bon entretien des cours d'eau non navigables ni flottables (5).

470. — Le préfet statue, en Conseil de préfecture, sur les constructions et usines dans le

(1) Décr. 15 octobre 1810, art. 4; Décr. 13 avril 1861, tableau B, 7°.
(2) L. 21 avril 1810.
(3) Décr. 10 août 1875.
(4) L. 29 août 1790, ch. VI.
(5) L. 11 floréal an XI, art. 1; Décr. 25 mars 1852, tableau D, 5°.

voisinage des bois et forêts soumis au régime forestier (1), (n° 245).

471. — Pour le maintien de la salubrité, de la sécurité et de la tranquillité publique dans toutes les communes du département ou dans plusieurs d'entr'elles, le préfet peut prendre et publier des arrêtés permanents, faute par les autorités municipales d'y avoir pourvu (2).

V. — Conseil de Préfecture

472. — Les affaires sur lesquelles le Conseil de préfecture est appelé à statuer, par voie contentieuse, sont introduites au moyen d'une requête explicative déposée avec les pièces justificatives, au greffe du Conseil, et inscrites sur un registre d'ordre par le secrétaire greffier, qui en donne récépissé (3).

D'ailleurs toute requête doit être accompagnée de copies certifiées conformes par le requérant, destinées à être notifiées aux parties en cause.

Après examen sommaire de l'affaire par le

(1) Décr. 25 mars 1852, art. 3 ; Décr. 13 avril 1861, tableau C, 8°.

(2) L. 5 avril 1884, art. 99 ; comp. Cass., 23 janvier 1892, S. 93, 1, 62.

(3) L. 22 juillet 1889, art. 1.

Conseil de préfecture, les parties defenderesses reçoivent notification des requêtes et mémoires par un agent qui est le maire ou le garde champêtre (1).

Les parties ont le choix de fournir elles-mêmes leurs défenses, ou de choisir un mandataire spécial, dans le plus bref délai.

Les requêtes et mémoires sont soumis au timbre, mais non les copies.

473. —En matière répressive, le Conseil de préfecture est saisi par le procès-verbal constatant la contravention, remis par le préfet.

Copie du procès-verbal est notifiée au contrevenant par le maire ou le garde champêtre de sa commune, avec indication de fournir des défenses écrites dans la quinzaine, et avec citation à comparaître dans le délai d'un mois devant le Conseil de préfecture (2).

474. — Toute décision est notifiée aux parties à leur domicile réel, par le maire ou le garde champêtre, lorsque l'instance a été engagée avec l'État, et lorsque le Conseil a prononcé en ma-

(1) Même loi, art. 3 et 7.

(2) L. 22 juillet 1889, art. 10.

tière répressive; dans les autres cas, la notification a lieu par huissier (1).

475. — En principe, l'arrêté du Conseil de préfecture rendu en matière contentieuse, est susceptible de recours devant le Conseil d'État, pendant deux mois à partir de la notification d'une décision contradictoire.

476. — Un arrêté rendu par défaut peut être attaqué par opposition dans le mois de la notification, et par recours au Conseil d'État pendant deux mois à partir de l'expiration du délai d'opposition (2).

477. — Le Conseil de préfecture statue comme tribunal contentieux et répressif :

1° Sur les difficultés qui peuvent s'élever, dans l'intérêt public, en matière de grande voirie : routes, fleuves et rivières navigables, canaux de navigation, domaine maritime, chemins de fer (3).

2° Sur les contraventions en matière de servitudes militaires (4).

(1) Même loi, art. 51.
(2) Même loi, art. 52, 57.
(3) L. 28 pluviôse an VIII, art. 4, 29 floréal an X; Décr. 10 avril 1812; L. 15 juillet 1815, art. 3.
(4) L. 17 juillet 1819, art. 11; Décr. 10 août 1853, art. 40 à 42, 22 juin 1854, art. 4.

3° Sur les dommages causés aux appareils télégraphiques (1).

478. — Sont de la compétence du Conseil de préfecture, jugeant au contentieux :

1° L'appréciation des usurpations, anticipations, dégradations et plantations concernant les chemins vicinaux (2).

2° Le règlement des subventions auxquelles les propriétaires de mines, carrières ou entreprises industrielles peuvent être assujettis pour la réparation des chemins qu'ils dégradent (3).

3° La détermination des indemnités dues pour extraction de matériaux, dépôt ou enlèvement de terre et occupation temporaire de terrains (4).

4° Les actions et opérations relatives au dessèchement des marais (5).

5° Les contestations relatives au rôle de répartion des dépenses concernant le curage des cours d'eau non navigables (6).

---

(1) L. 27 décembre 1851, art. 2.

(2) L. 9 ventôse an XIII, art. 6 à 8.

(3) L. 21 mai 1836, art. 14, 20 août 1881, art. 11.

(4) L. 28 pluviôse an VIII, art. 4, 21 mai 1836, art. 17, 21 août 1811, art. 14, 29 décembre 1892; Douai, 10 novembre 1891, S. 92, 2, 107.

(5) L. 16 septembre 1807; Cons. d'État, 23 octobre 1816.

(6) L. 14 floréal an XI, art. 4.

6° Les taxes établies par les associations syndicales autorisées (1).

7° Les indemnités dues relativement à l'établissement des lignes télégraphiques et téléphoniques (2).

8° Les oppositions formées contre les arrêtés préfectoraux autorisant un établissement insalubre de première ou de deuxième classe (3).

(1) L. 21 juin 1865, 22 décembre 1888.

(2) L. 28 juillet 1885, art. 10.

(3) Décr. 15 octobre 1810, art. 7, 25 mars 1852, tableau B, 8°; Cons. d'État, 6 avril 1836.

APPENDICE

I. — Coutume de Normandie

83. — Il est loisible a chacun d'accommoder sa terre de fossés et de haies, en gardant... les chemins et sentes pour le voisiné.

Comp. n°º 25, 30, 151.

206. — Le Seigneur peut détourner l'eau courante en sa terre, pourvu que les deux rives soient assises en son fief, et qu'au sortir d'icelui il les remette en leur cours ordinaire, et que le tout se fasse sans dommage d'autrui.

Comp. n° 318.

209. — Roteurs ne peuvent être faits en eau courante, et si aucun veut détourner eau pour en faire, il doit vuider l'eau du dit roteur, en sorte que l'eau d'icelui roteur ne puisse retourner au cours de la rivière.

Comp. n° 101.

607. — Droiture de servitude de vues, égouts de maisons et autres choses semblables, par la

Coutume générale de Normandie, ne peut être acquise par possession et jouissance, fût-elle de cent ans, sans titre; mais la liberté ne peut racquérir par la possession de quarante ans continuels, contre le titre de servitude.

Comp. n°' 19, 395, 407.

608. — Quiconque a le fonds, peut faire bastir et édifier dessus et pardessous son dit héritage, et y faire puits, cave et autres choses licites, s'il n'y a titre au contraire.

Comp. n°' 5, 60.

609. — En faisant partage et division entre cohéritiers ou personniers de chose commune, dont l'une partie sert à l'autre, les vues et égouts demeurent comme ils sont lors du partage, si par les lots et partages, il n'est expressément dit du contraire.

Comp. n° 358.

610. — Tout mur et paroy auquel sont construits armaires, fenestres ou corbeaux, attribuent le mur à celuy du côté duquel sont les dites armaires ou fenestres, sinon en cas qu'il s'en trouvât des deux costés, auquel cas le dit mur est censé métoyen.

Comp. n° 188.

6*

611. — De tout mur métoyen, chacun des voisins auquel il appartient, peut s'aider, et percer le dit mur tout outre, pour asseoir ses poutres et sommiers, en bouchant les pertuis; mesme pour asseoir les courges et consoles des cheminées, à fleur du dit mur. Et est tenu en édifiant le tuyau ou canal de la dite cheminée, laisser la moitié du dit mur entier, et quatre pouces en outre pour servir de contre-feu. Et ne pourra le voisin mettre aucuns sommiers contre, ni à l'endroit de la dite cheminée qui aura esté premièrement bastie.

Comp. n°⁰ 59, 190, 199.

612. — En tout mur métoyen le voisin ne peut, sans le consentement de son voisin, faire vues, ni contre icelui faire égouts ou cisternes; ne peut aussi le hausser en son intégrité; mais bien se pourra ayder de la dite moitié, et la hausser, si ainsi est que le mur soit assez fort espais pour commodément porter la structure et servir aux choses pour lesquelles il est haussé.

Comp. n°⁰ 194, 197.

613. — Contre mur métoyen, aucun ne peut faire chambres aisées ou cisternes, sinon en faisant bastir contremur de trois pieds d'épais en

bas, et au dessous du rez de terre, à pierre, chaux et sable, tout à l'entour de la fosse destinée aux dites chambres, ou cisternes.

Comp. nᵒ 57.

614. — Qui veut faire forge, four ou fourneau contre le mur métoyen, doit laisser demi-pied de vuide d'intervalle entre deux du mur, du four ou forge ; et doit estre ledit mur d'un pied d'épaisseur, et sera le dit mur de pierre, brique ou mouaillon.

Comp. nᵒ 61.

615. — En mur métoyen, ne peut l'un des voisins, sans l'accord et consentement de l'autre, faire faire fenestres ou trous pour vues, en quelque manière que ce soit, à verre dormant ny autrement.

Comp. nᵒ 197.

616. — Toutesfois si aucun a mur à lui seul appartenant, joignant sans moyen à l'héritage d'autrui, il peut en icelui mur avoir fenestres, lumières ou vues, pourveu qu'elles soient sept pieds en haut, tant au premier que second étage, le tout ferré et vitré, sans qu'il puisse ouvrir, et que cela puisse préjudicier son voisin, voulant

bâstir contre, s'il n'y a titre particulier au contraire.

Comp. n° 13.

617. — Il est loisible à un voisin, contraindre par justice son voisin à faire refaire le mur mitoyen et édifice corrompu menaçant ruine, et d'en payer chacun sa part, selon la portion qu'ils ont au dit mur ou édifice métoyen; et s'il n'est métoyen, le propriétaire peut estre contraint à le redresser ou abattre.

Comp. n° 128, 215.

618. — Relais ou armaires ne sont marque de propriété, du costé dont elles sont faites, si elles ne sont accompagnées de pierre de taille traversant tout le mur.

Comp. n° 188.

619. — Quand aucun met hors de ses mains partie de sa maison, ou une maison qui a veues et égouts, ou autre servitude sur une autre qu'il retient à soi, il doit spécialement et nommément déclarer quelles servitudes il retient sur l'héritage qu'il met hors de ses mains, ou quelles il constitue sur le sien, tant pour l'endroit, grandeur, hauteur, mesure, qu'espèce de servitude;

autrement l'héritage vendu demeurera libre au préjudice du vendeur.

Comp. n° 350.

620. — Et pour le regard de la maison retenue par le vendeur, les choses demeureront en l'état qu'elles étaient.

621. — En division d'héritage entre cohéritiers, si une cour et un puits leur sont communs pour passer et repasser par la cour et puiser de l'eau au puits, le propriétaire pourra faire clore de murailles la cour, et fermer les portes, parce que les cohéritiers pour leur usage auront chacun une clef des serrures. Et ne pourra la dite servitude être possédée par autre personne que par celuy ou ceux lesquels possèdent les héritages et à cause desquels est duë la dite servitude.

Comp. n° 111, 176 à 178, 378.
La remise de clef peut s'appliquer à tous les passages.

II. — Coutumes locales de Verneuil

4. — La plante, douve ou jettée du fossé, appartient à celuy vers lequel elle est jettée et plantée, s'il n'y a titre, bourne ou possession au contraire.

Comp. n° 222.

III. — Arrêt sur les plantations rurales du 17 Août 1751

1. — Le long des chemins vicinaux et des chemins de traverse, on ne pourra planter dans les terres non closes, aucun arbre qu'à 10 pieds de distance du bord desdits chemins.

2. — A l'égard des arbres qui se trouveront actuellement plantés plus près de 10 pieds du bord des dits chemins, les propriétaires des dits arbres ou les détenteurs des fonds seront tenus de couper incessamment la partie des branches qui s'étendra sur ledit chemin et l'embarrassera.

3. — Les haies étant sur le bord des chemins seront tondues et réduites sur les sou ces ou vestiges de l'ancien alignement, et ce qui excédera l'ancien alignement sera arraché.

4. — Les arbres qui pencheront sur les dits chemins de façon à les embarrasser, seront abattus aux frais des propriétaires, et faute par eux d'y satisfaire, ainsi qu'au contenu aux deux articles précédents, dans le temps de trois mois du jour de la publication du présent arrêt, qui sera faite dans le baillage ou l'héritage sera situé;

enjoint au substitut du procureur général de faire exécuter lesdits articles 2, 3 et 4 aux frais des propriétaires.

Ces quatre articles n'ont plus d'objet.

5. — Nul ne pourra planter aucuns pommiers ou poiriers qu'à 7 pieds de distance du fonds voisin ; et en cas que les branches s'étendent sur le terrain voisin, le propriétaire des dits arbres sera contraint en outre d'en couper l'extrémité des branches, autant qu'elles s'étendront sur le terrain voisin.

Comp. n°° 39, 42.

6. — Les arbres de haute futaie ne pourront être plantés à pied dans les terres non closes qu'à 7 pieds de distance du fonds du voisin, lequel pourra pareillement contraindre le propriétaire desdits arbres, de les élaguer ou ébrancher jusqu'à la hauteur de 15 pieds, et en outre de faire couper la partie des branches qui s'étendrait sur son terrain.

Comp. n°° 39, 43.

7. — A l'égard des arbres aquatiques, lesquels seront plantés au bord des ruisseaux ou rivières, il en sera usé comme par le passé.

Comp. n° 43.

8. — Si le terrain voisin était occupé par un vignoble, les poiriers et les pommiers ne pourront être plantés plus près de 12 pieds du vignoble, et les arbres de haute futaie plus près de 24 pieds.

9. — Le jonc marin sera planté à 3 pieds du fonds voisin, et le bois taillis à 7 pieds lorsqu'il n'y aura pas de fossé de séparation, et à 5 pieds lorsqu'il y aura un fossé; sera néanmoins permis de planter un bois taillis jusqu'à l'extrémité de son terrain, proche le bois taillis voisin.

Comp. n° 41.

10. — Les haies de pied pourront être plantées à 1 pied 1/2 du voisin, et seront tondues au moins tous les six ans du côté du voisin, et seront réduites alors à la hauteur de 5 à 6 pieds au plus, sans qu'il soit permis dans lesdites haies plantées à pied, de laisser échapper aucuns baliveaux ou grands arbres, parce que, néanmoins, à l'égard des arbres dans les haies, lesquelles font la séparation des herbages et masures sans être le long des terres labourables du voisin, il en sera usé comme par le passé.

Comp. n° 34, 45.

11. — Les propriétaires d'héritages qui sont

actuellement clos de haies vives ou de fossés, seront tenus d'entretenir lesdites clôtures, si mieux ils n'aiment détruire entièrement la clôture le long de l'héritage voisin, ce qu'ils auront la liberté de faire, s'il n'y a titre au contraire; et, néanmoins, ceux qui voudront détruire leur clôture, ne pourront le faire que depuis la Toussaint jusqu'à Noël, après avoir averti le voisin trois mois auparavant; et, jusqu'au temps de la destruction de la clôture, ils seront obligés de l'entretenir.

Comp. n° 30.

12. — Les distances ci-dessus marquées ne seront observées que pour les plantations qui se feront à l'avenir, parce qu'il sera permis à tout voisin de contraindre le propriétaire des arbres ou haies plantées d'ancienneté, à moins de distance, de les faire élaguer, si besoin est, de la manière prescrite aux articles ci-dessus; et les arbres ci-devant plantés, ne pourront être remplacés que conformément au présent règlement, avec exceptions néanmoins marquées dans les articles précédents.

13. — Celui qui fera construire un fossé sur son fonds, sera tenu de laisser du côté du terrain

voisin et au-delà du creux dudit fossé, 1 pied 1/2
de réparation ; et si la terre voisine est en
labour, il sera tenu de laisser au moins 2 pieds
de réparation au-delà du creux. Ordonné en
outre, que tout fossé sera fait en talus du côté
du voisin.

Comp. n°° 50, 53.

14. — Ne pourront être plantés sur les fossés
d'arbres de haute futaie qu'à 7 pieds de distance
du fonds voisin, à l'exception des fossés étant
entre les herbages et masures ou terres vagues,
pour lesquelles il en sera usé comme par le passé ;
et à l'égard des anciens fossés actuellement plantés de grands arbres, ils pourront être réparés
et replantés dans les distances où étaient les arbres abattus, sauf au voisin à contraindre de les
élaguer, en tant que les branches pourraient
s'étendre sur son terrain.

IV. — Code civil

(Textes remplacés le 20 Août 1881)

666. — Tous fossés entre deux héritages sont
présumés mitoyens s'il n'y a titre ou marque du
contraire.

Comp. n°° 2, 18.

667. — Il y a marque de non mitoyenneté lorsque la levée ou le rejet de la terre se trouve d'un côté seulement du fossé.

668.—Le fossé est censé appartenir exclusivement à celui du côté duquel le rejet se trouve.

Comp. n° 222.

669. — Le fossé mitoyen doit être entretenu à frais communs.

Comp. n° 225.

670. — Toute haie qui sépare des héritages est réputée mitoyenne, à moins qu'il n'y ait qu'un seul des héritages en état de clôture, ou s'il n'y a titre ou possession suffisante au contraire.

Comp. n° 219.

671. — Il n'est permis de planter des arbres de haute tige qu'à la distance prescrite par les règlements particuliers actuellement existants, ou par des usages constants et reconnus ; et, à défaut de règlements et usages, qu'à la distance de deux mètres de la ligne séparative des deux héritages pour les arbres à haute tige, et à la distance d'un demi-mètre pour les autres arbres et haies vives.

Comp. n° 32.

672. — Le voisin peut exiger que les arbres et haies plantés à une moindre distance soient arrachés. Celui sur la propriété duquel avancent les branches des arbres du voisin, peut contraindre celui-ci à couper ces branches ; si ce sont les racines qui avancent sur son héritage, il a le droit de les y couper lui-même.

Comp. n° 38.

673. — Les arbres qui se trouvent dans la haie mitoyenne, sont mitoyens comme la haie, et chacun des deux propriétaires a le droit de requérir qu'ils soient abattus.

Comp. n° 231.

682. — Le propriétaire dont les fonds sont enclavés, et qui n'a aucune issue sur la voie publique, peut réclamer un passage sur les fonds de ses voisins pour l'exploitation de son héritage, à la charge d'une indemnité proportionnée au dommage qu'il peut occasionner.

Comp. n° 270.

683. — Le passage doit régulièrement être pris du côté où le trajet est le plus court du fonds enclavé à la voie publique.

Comp. n° 272.

684. — Néanmoins, il doit être fixé dans

l'endroit le moins dommageable à celui sur le fonds duquel il est accordé.

Comp. n° 272.

685. — L'action en indemnité, dans le cas prévu par l'article 682, est presciptible; et le passage doit être continué, quoique l'action en indemnité ne soit plus recevable.

Comp. n° 271.

—⁓⁓⦿⁓⁓—

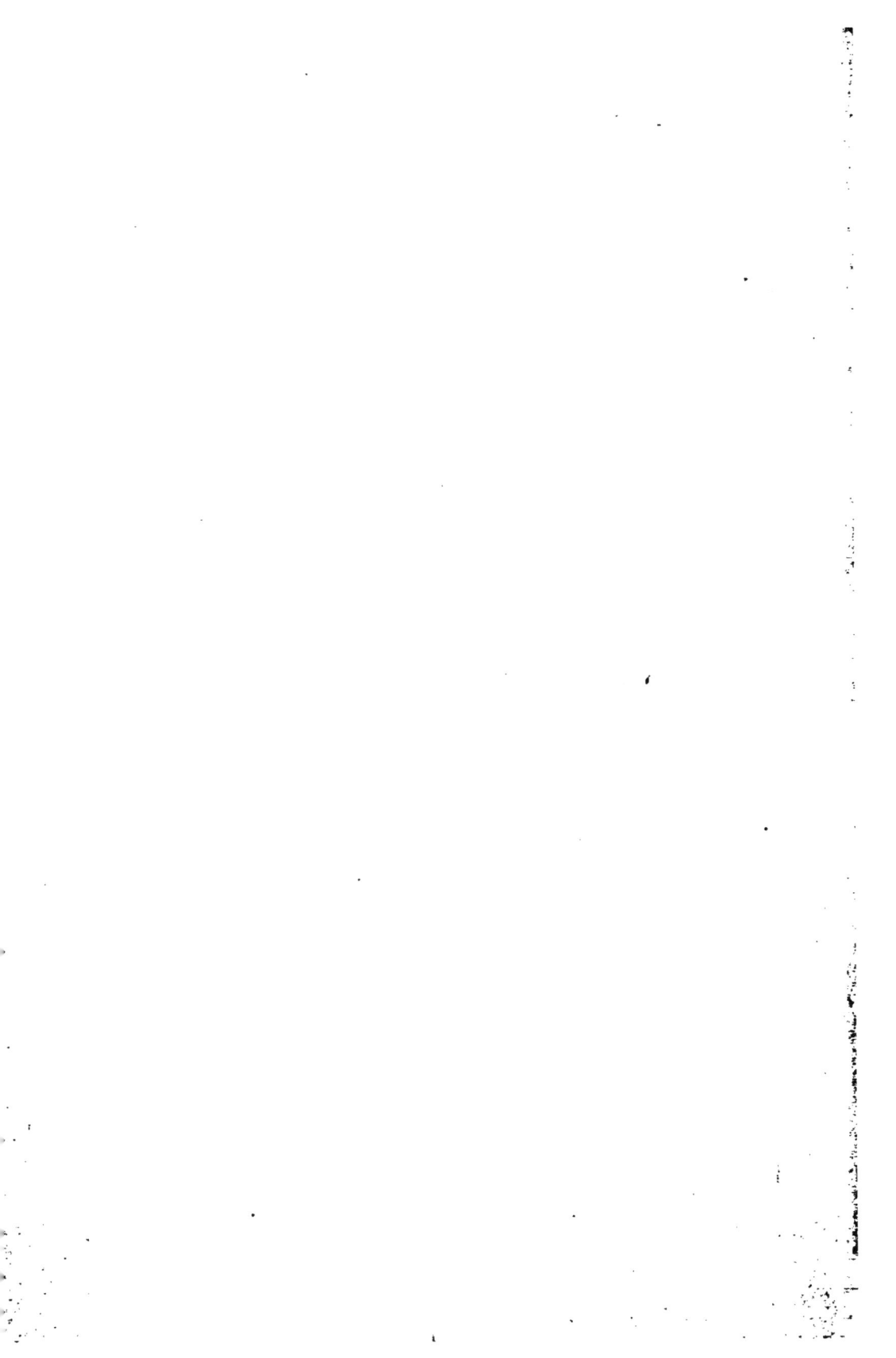

TABLE

PAR ORDRE DE MATIÉRES

CHAPITRE DEUXIÈME

COPROPRIÉTÉ

CHAPITRE TROISIÈME

SERVITUDES LÉGALES

CHAPITRE QUATRIÈME

SERVITUDES ÉTABLIES PAR L'HOMME

CHAPITRE CINQUIÈME

NOTIONS DE COMPÉTENCE

APPENDICE

TABLE ALPHABÉTIQUE

(Les chiffres renvoient aux numéros)

—⟶⟵—

Allée commune, 148 à 150.

Animal: en liberté dans herbage, 31; nuisible, 74; abreuvage, 386 à 388; dommage, 441.

Appui: mur mitoyen, 196, 199; travail d'irrigation, 291, 296, 321; servitudes, 415, 416.

Aqueduc: sur chemin vicinal, 255; servitude, 389 à 393.

Arbres: distance, 32; calcul, 33; espalier, 37; inobservation de distance, 38; branches et racines, 39; règles normandes, 42, 43, 46, 47, 48; haie mitoyenne, 231; près route, 247; près chemin vicinal, 252, 253; servitude, ''8 à 420.

Arbust* ,: distance, 32; espalier 37.

Ari, 116.

Armaires, 188.

Arpentage, 116.

Arrêté: Maire, 85, 90, 97, 99 à 101, 250, 261 à 265, 459; préfet, 95, 101, 105, 250, 252, 253 à 255, 471; conseil de préfecture, 471 à 476.

Association syndicale: drainage, 300; canal, 331 à 336; conseil de préfecture, 478.

Atelier: insalubre, 76 à 83; désagréable, 84, 85.

Autorisation: établissement insalubre, 76 et suiv.; mine, 86; monument historique, 92; défrichement de bois, 94; fouilles près source d'eau minérale, 96; construction près forêt, 245; route 246, 247; télégraphie, 268; usine, 326, 327; voirie, 462.

Avancement de toit, 117.

Avertissement du juge de paix, 433.

Aveu de servitude, 349.

Balayage, 262.

Normandie: dépouille des herbages, 31; plantations rurales, 11; maison divisée, 160; tour d'échelle, 103.

Nouvel œuvre, 115.

Objet emporté, 279.

Occupation temporaire, 105.

Odeur fétide, 73.

Ouvertures: jours, 13 à 18; vues, 19 à 21; ateliers, 85; cour commune, 111; allée commune, 118; chemin d'exploitation, 155; mur mitoyen, 197; parementées, 188; suppression dans mur mitoyen, 210; sur voie publique, 206; démolition, 409.

Pacage, 405.

Palier d'escalier, 20.

Parcours, 28.

Passage: chemin vicinal, 255; rue, 263; servitude conventionnelle, 373 à 381; constructions au dessus, 371; étendue de servitude, 371 à 377; clôture, 378; tour d'échelle, 401; modifié, 425.

Passage légal: quand est dû, 270, 271; direction, 272; indemnité, 274; suppression, 273; tour d'échelle, 278; chemin impraticable, 277; essaims, 278; objets enlevés, 279; irrigation, 286, 287; drainage, 293.

Pâturage, 405.

Pavage, 71.

Pêche, 103, 321, 338, 407.

Pied cornier, 45.

Pied d'aile, 59.

Pigeons, 74.

Pilaison, 168, 170.

rûchers, 95; règlement municipal, 97; route, 246; chemin vicinal, 250; chemin rural, 258 ; rue, 260; impraticable, 277.

Voirie, V. maire, préfet.

Volailles, 74.

Vues conventionnelles, 407 à 409, 411.

Vues droites: distance, 20; calcul, 21.

Vues légales, 13, 19; allée commune, 118; chemin d'exploitation, 155.

Vues obliques, 23.

Zone militaire: ce que c'est, 239; limite des fortifications, 240; rayons de défense, 211; constructions existantes, 242; magasin à poudre, 243.

Caen. — Imprimerie-Reliure Vᵉ A. DOMIN, rue de la Monnaie.

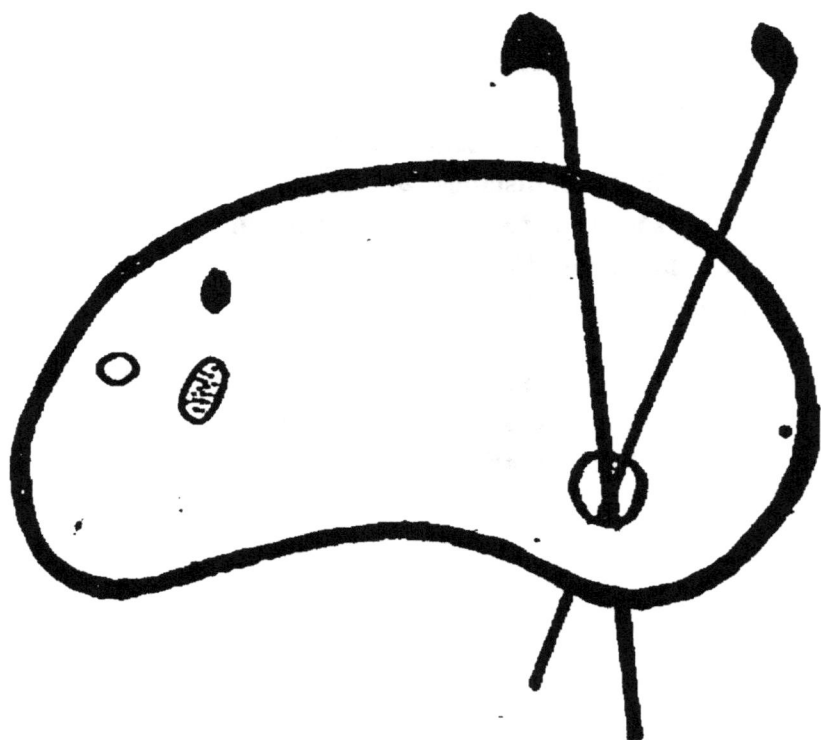

ORIGINAL EN COULEUR
NF Z 43-120-8